本书由北方工业大学优势学科项目（XN058）资助出版

国家目的地品牌研究

杨一翁◎著

图书在版编目（CIP）数据

国家目的地品牌研究/杨一翁著. —北京：知识产权出版社，2018.2
（工商管理学术文库）
ISBN 978-7-5130-5443-0

Ⅰ.①国… Ⅱ.①杨… Ⅲ.①旅游市场—市场营销学—研究 Ⅳ.①F590.82

中国版本图书馆 CIP 数据核字（2018）第 036642 号

内容提要

消费者常常对特定的国家目的地同时持有积极与消极情感。消费者对特定国家的积极情感被称为消费者善意；消费者对特定国家的消极情感被称为消费者敌意。本书基于矛盾态度理论、调节聚焦理论和社会归类理论等，揭示了消费者善意、敌意和矛盾情感对消费者出境旅游决策的影响机制，进一步扩展矛盾态度等理论在国际旅游营销领域的应用，同时在实践上对中国打造强势国家目的地品牌，进一步吸引国际消费者来华旅游与消费具有参考价值。

责任编辑：江宜玲　　　　　　　　　　责任校对：王　岩
装帧设计：京华诚信　　　　　　　　　责任出版：刘译文

国家目的地品牌研究

杨一翁◎著

出版发行：	知识产权出版社有限责任公司	网　址：	http://www.ipph.cn
社　址：	北京市海淀区气象路50号院	邮　编：	100081
责编电话：	010-82000860 转 8339	责编邮箱：	jiangyiling@cnipr.com
发行电话：	010-82000860 转 8101/8102	发行传真：	010-82000893/82005070/82000270
印　刷：	三河市国英印务有限公司	经　销：	各大网上书店、新华书店及相关专业书店
开　本：	720mm×1000mm　1/16	印　张：	9.5
版　次：	2018年2月第1版	印　次：	2018年2月第1次印刷
字　数：	160千字	定　价：	48.00元
ISBN 978-7-5130-5443-0			

出版权专有　侵权必究
如有印装质量问题，本社负责调换。

目　　录

第一章　绪　论 …………………………………………………… (1)

第一节　研究背景 ………………………………………………… (1)
一、现实背景 ………………………………………………… (1)
二、理论背景 ………………………………………………… (3)

第二节　研究问题 ………………………………………………… (4)
一、研究一探索的核心问题 ………………………………… (4)
二、研究二探索的核心问题 ………………………………… (6)

第三节　研究意义 ………………………………………………… (7)
一、理论意义 ………………………………………………… (7)
二、实践意义 ………………………………………………… (8)

第四节　研究方案 ………………………………………………… (9)
一、构建研究框架 …………………………………………… (9)
二、主体研究内容 …………………………………………… (11)
三、形成研究成果 …………………………………………… (11)

第二章　文献综述 ………………………………………………… (13)

第一节　消费者敌意 ……………………………………………… (13)
一、消费者敌意的概念 ……………………………………… (13)
二、消费者敌意的维度 ……………………………………… (15)
三、消费者敌意的引致因素 ………………………………… (16)
四、消费者敌意的影响结果 ………………………………… (17)

第二节 消费者善意 ··· (19)
　一、消费者善意的概念 ··· (20)
　二、消费者善意的维度 ··· (21)
　三、消费者善意的引致因素 ·· (22)
　四、消费者善意的影响结果 ·· (23)

第三节 消费者矛盾态度 ··· (24)
　一、消费者矛盾态度的内涵 ·· (25)
　二、矛盾态度的测量 ·· (27)
　三、矛盾态度的引致因素 ··· (29)
　四、消费者矛盾态度对消费者购买决策的影响 ································· (31)

第四节 本书的研究目标与研究框架 ·· (34)

第三章 消费者敌意、善意和矛盾情感态度对消费者赴目标国旅游意向的影响：文化接近性的调节作用（研究一） ······ (35)

第一节 研究假设与研究模型 ··· (35)

第二节 研究方法 ··· (39)
　一、问卷设计 ·· (39)
　二、数据收集 ·· (41)
　三、统计分析方法 ·· (42)

第三节 数据分析 ··· (42)
　一、反映性测量模型评估 ··· (42)
　二、形成性测量模型评估 ··· (43)
　三、消费者矛盾情感态度的计算 ··· (45)
　四、路径系数的显著性检验 ·· (46)
　五、调节效应检验 ·· (46)
　六、总效应检验 ··· (49)
　七、解释力检验 ··· (50)

第四节 研究结论与讨论 ·· (50)
　一、研究结论 ·· (50)
　二、理论贡献 ·· (52)

三、管理决策启示 ……………………………………………… (53)
四、研究一小结 ………………………………………………… (56)

第四章 消费者对特定国家目的地的矛盾情感态度的形成机理与作用机制：消费者调节聚焦的调节作用（研究二）……… (57)

第一节 探索性研究：消费者对不同国家/目的地产生敌意/善意的原因 ……………………………………………… (57)
  一、文献研究、深度访谈和问卷调查 ……………………… (57)
  二、探索性研究的结果 ……………………………………… (58)

第二节 日本模型 …………………………………………………… (65)
  一、研究假设与研究模型 …………………………………… (65)
  二、研究方法 ………………………………………………… (67)
  三、消费者矛盾情感态度的客观测量 ……………………… (70)
  四、数据分析 ………………………………………………… (71)

第三节 韩国模型 …………………………………………………… (78)
  一、研究假设与研究模型 …………………………………… (78)
  二、研究方法 ………………………………………………… (79)
  三、消费者矛盾情感态度的客观测量 ……………………… (82)
  四、数据分析 ………………………………………………… (83)

第四节 美国模型 …………………………………………………… (90)
  一、研究假设与研究模型 …………………………………… (90)
  二、研究方法 ………………………………………………… (91)
  三、消费者矛盾情感态度的客观测量 ……………………… (94)
  四、数据分析 ………………………………………………… (95)

第五节 研究结论与讨论 …………………………………………… (102)

第五章 结论 …………………………………………………………… (106)

参考文献 ……………………………………………………………… (108)

附　　录 (118)

研究一问卷 (118)
- 一、消费者善意 (118)
- 二、消费者敌意 (120)
- 三、文化 (122)
- 四、旅游意向 (123)
- 五、个人信息 (124)

研究二问卷：日本模型 (125)
- 一、对日本产生敌意的原因 (125)
- 二、对日本的敌意 (126)
- 三、预防型调节聚焦 (126)
- 四、促进型调节聚焦 (127)
- 五、对日本旅游目的地产生善意的原因 (127)
- 六、对日本旅游目的地的善意 (129)
- 七、对日本旅游目的地的矛盾情感态度 (129)
- 八、赴日旅游意向 (129)
- 九、个人信息 (130)

研究二问卷：韩国模型 (130)
- 一、对韩国产生敌意的原因 (131)
- 二、对韩国的敌意 (132)
- 三、预防型调节聚焦 (132)
- 四、促进型调节聚焦 (133)
- 五、对韩国旅游目的地产生善意的原因 (133)
- 六、对韩国旅游目的地的善意 (135)
- 七、对韩国旅游目的地的矛盾情感态度 (135)
- 八、赴韩旅游意向 (135)
- 九、个人信息 (136)

研究二问卷：美国模型 (136)
- 一、对美国产生敌意的原因 (137)

二、对美国的敌意 …………………………………………（137）
三、预防型调节聚焦 ………………………………………（138）
四、促进型调节聚焦 ………………………………………（138）
五、对美国旅游目的地产生善意的原因 …………………（139）
六、对美国旅游目的地的善意 ……………………………（140）
七、对美国旅游目的地的矛盾情感态度 …………………（141）
八、赴美旅游意向 …………………………………………（141）
九、个人信息 ………………………………………………（142）

第一章 绪 论

第一节 研究背景

一、现实背景

伴随着经济的持续增长,中国近年来逐渐出现一些国际知名品牌。例如,在国际权威的 Interbrand 的"Best Global Brands 2017"品牌排行榜上,中国有华为(品牌价值为 66.76 亿美元,排名第 70 位)与联想(品牌价值为 40.04 亿美元,排名第 100 位)两个品牌入围。在另一份国际权威品牌排行榜 BrandZ 的"全球最具价值品牌排行榜"上,中国共有 16 个品牌进入前 100 强,腾讯(第 3 位)、阿里巴巴(第 14 位)和中国移动(第 17 位)等中国品牌排名靠前。

然而,就整体而言,中国品牌仍然偏弱,与中国世界第二大经济体与第一人口大国的地位不匹配。要打造更多的国际知名品牌,除了企业自身努力以外,还需要借助国家与政府的力量。2017 年 4 月,国务院把每年 5 月 10 日设立为"中国品牌日",这对于中国品牌无疑是一个重大利好。但这只是一个开始,中国品牌在国际上需要有统一的声音,才能在激烈的国际竞争环境中赢得话语权。

其他国家与政府早已展开行动。2016 年 7 月,韩国政府发布新的国家品牌"CREATIVE KOREA",制作了由演员宋慧乔、钢琴家赵成珍和围棋大师李世石等出演的宣传片,通过 CNN 与 BBC 等海外著名媒体播出,同时利用里约奥运会等国际活动积极进行国家品牌传播。德国也早已推进国家品牌战略，"德国制造"享誉世界（阿盖什·约瑟夫，2016），是一个非常强势的产品-国家品牌。具体到本书研究的国家目的地品牌，新加坡、澳大利亚、纳米比亚、斯洛文尼亚和北爱尔兰等国均系统性地推进国家目的地品牌化工作，效果良好。

中国各界也在积极行动。2009年11月，中国商务部向CNN与BBC等国际主流媒体发布宣传"中国制造，世界合作"理念的30秒广告。2011年1月，由国务院新闻办公室发起，姚明、邓亚萍、李嘉诚、袁隆平、马云、李彦宏和杨利伟等中国各界名人参与拍摄的中国国家形象宣传片亮相纽约时代广场。2014年12月，民政部成立了品牌中国战略规划院，实施国家品牌战略。2015年5月，国务院发布《中国制造2025》，要把我国从当前的"制造大国"建设成未来的"制造强国"。2017年10月，最新国家形象宣传片《中国进入新时代》发布。由此可见，中国各界正在为实施国家品牌战略，打造"中国"这个强势国家品牌做贡献。但就整体而言，上述工作还不够系统，在理论层面缺少支撑。

本书聚焦于"国家目的地品牌"，研究消费者心理状态对消费者出国旅游决策的影响，为中国打造强势"中国目的地品牌"，为进一步吸引国际消费者来华旅游提供理论参考。

根据国际著名民调机构Pew Research Center在2016年9月发布的报告❶，高达81%的中国人对日本有消极情感。然而，中国旅游研究院发布的《中国出境旅游发展年度报告2017》却显示，日本高居中国消费者出国旅游最热门目的地的第三位。"萨德事件"引起中国人对韩国的反感。然而，韩国却位列最受中国消费者欢迎的国家目的地第二位。Pew Research Center于2016年10月发布的报告❷显示，中国人将美国视为最主要的威胁。然而，美国却位居中国消费者出国旅游最热门目的地的第六位，除亚洲国家目的地之外的第一位。不仅中国消费者出国旅游如此，外国消费者来华旅游也如此。美国智库"战略与国际研究中心"在2016年8月发布的《世界对中国看法的变化趋势》显

---

❶ STOKES B, STEWART R. Hostile neighbors: China vs. Japan [R]. Pew Research Center, 2016.
❷ WIKE R, STOKES B, STEWART R. Chinese public sees more powerful role in world, names U. S. as top threat [R]. Pew Research Center, 2016.

示,日本(高达91%的日本人对中国怀有消极情感)与美国(72%的美国人对中国怀有消极情感)分列对中国敌意最强烈的国家的第一及第六位。然而,全球化智库与携程旅行网在2017年7月联合发布的《从出入境旅游看中国全球化发展》却显示,日本与美国分别以249.8万人次与208.6万人次分列来华旅游消费者最多的客源国第二、第三位。现实中类似的矛盾现象屡见不鲜——为什么消费者对特定国家的消极情感阻止不了他/她们赴该国旅游的热情?基于矛盾态度理论,这可能是因为消费者同时对该国家/目的地持有积极情感,在这种"爱恨交织"的矛盾情感状态下,消费者如何进行出国旅游决策?本书将以此作为核心研究问题。

二、理论背景

本书聚焦于国际营销中的两个构念:消费者敌意(Consumer Animosity)与消费者善意(Consumer Affinity)。消费者敌意表达的是消费者对特定国家的消极情感态度(Klein et al.,1998;Riefler,Diamantopoulos,2007;郭功星,等,2014)。一般认为,消费者敌意包括两个维度:战争敌意与经济敌意(Klein et al.,1998;Riefler,Diamantopoulos,2007;杨一翁,等,2017)。Riefler和Diamantopoulos(2007)指出,战争与经济冲突是引起消费者敌意的原因,而不是消费者敌意的维度;实际上,引起消费者敌意的原因远不止战争与经济两个方面(Nes et al.,2012;Sánchez et al.,2016;郭功星,等,2014);此外,对不同的目标国,引起消费者敌意的原因是存在差异的(Riefler,Diamantopoulos,2007;Sánchez et al.,2016)。现有文献集中在探索消费者敌意对消费者购买决策的影响(Klein et al.,1998;Riefler,Diamantopoulos,2007;郭功星,等,2014);仅有极少数文献探索消费者敌意对消费者旅游决策的影响(Sánchez et al.,2016;郭功星,等,2016)。消费者对不同目标国产生敌意的原因是什么?消费者敌意对消费者出国旅游决策的影响存在哪些边界条件?答案尚不明朗。

消费者善意表达的是消费者对特定国家的积极情感态度(Asseraf,Shoham,2016;Oberecker et al.,2008;郭功星,周星,2016)。本书将消费者善意的客体延伸到国家/目的地。关于消费者善意的维度,现有文献尚未达成一致(郭功星,周星,2016)。Nes等(2014)的研究表明,自然、文化、娱乐、人民和政治是引起消费者善意的原因,而不是消费者善意的维度。与消费者敌意类似,对不同的国家目的地,引起消费者善意的原因可能存在差异。现有文献集中在探索消费者善意对消费者购买决策的影响(Asseraf,Shoham,2016;Oberecker et al.,2008;郭功星,周星,2016);仅有个别文献探索消费者善意对消费者旅游决策的影响(Oberecker,Diamantoploulos,2011)。消费者对不同目标国家目的地产生善意的原因是什么?消费者善意对消费者出国旅游决策的影响存在哪些边界条件?答案尚不明朗。

仅有个别文献探索消费者敌意与消费者善意对消费者购买决策的共同影响(Russel et al.,2011)。矛盾态度理论认为,消极态度与积极态度不是同一个构念的两极,而是两个不同的构念;消极态度与积极态度可以共存,不一定此消彼长(Conner,Armitage,2011;Kaplan,1972;Katz,Hass,1988)。基于此,消费者敌意与消费者善意不是同一个构念的两极,而是两个相互独立的构念(Nes et al.,2014;Oberecker et al.,2008;郭功星,周星,2016);两者共同影响消费者出国旅游决策。矛盾态度理论指出,当消极态度与积极态度皆达一定强烈程度时,可能产生矛盾态度(Maio et al.,2009;Williams,Aaker,2002;黄敏学,等,2010)。基于此,当消费者对特定国家/目的地的敌意与善意皆达一定强烈程度时,可能产生对该国家/目的地的矛盾情感态度。然而,很少有文献对此问题进行探索。消费者是否会产生对特定国家/目的地的矛盾情感态度?消费者矛盾情感态度对消费者出国旅游决策的影响是怎样的?答案尚不明朗。

第二节 研究问题

针对现实与理论研究中存在的问题,本书进行两项研究,共探索六个核心问题。

一、研究一探索的核心问题

研究一探索三个核心问题。

核心问题一:消费者敌意与消费者善意是否共同影响消费者赴目标国旅游

意向？两者的影响强弱如何？矛盾态度理论认为，消极态度与积极态度不是同一个构念的两极，而是两个不同的构念；消极态度与积极态度可以共存，不一定此消彼长（Conner, Armitage, 2011；Kaplan, 1972；Katz, Hass, 1988）。基于此，消费者敌意与消费者善意不是同一个构念的两极，而是两个相互独立的构念（Nes et al., 2014；Oberecker et al., 2008；郭功星，周星，2016）；两者可能共同影响消费者出国旅游决策。现实中的矛盾现象（消费者对特定国家的敌意阻止不了他/她们赴该国旅游的热情）表明，消费者善意对消费者赴目标国旅游意向的正向影响可能强于消费者敌意的负向影响，本书对此观点进行实证检验。

核心问题二：当消费者对特定国家的敌意与善意皆达一定强烈程度时，是否会产生对该国的矛盾情感态度？这种矛盾情感态度是否影响消费者赴目标国旅游意向？矛盾态度理论指出，当消极态度与积极态度皆达一定强烈程度时，可能产生矛盾态度（Maio et al., 2009；Williams, Aaker, 2002；黄敏学，等，2010）。基于矛盾态度理论，Moody 等（2014）发现：消费者对电商的信任与不信任可以同时存在；当两者皆达一定强烈程度时，消费者产生对电商的矛盾态度；矛盾态度影响消费者对电商的行为意向。从国家层面看，消费者对特定国家是否会产生矛盾情感态度？这种矛盾情感态度是否影响消费者赴目标国旅游决策？本书综合运用矛盾态度的主观测量法（Olsen et al., 2009；Priester, Petty, 2001；Thompson, Zanna, 1995；Wang et al., 2016）与客观测量法（Priester, Petty, 1996；Thompson et al., 1995；Pang et al., 2017）测量与计算消费者对特定国家产生的矛盾情感态度，并探索消费者矛盾情感态度对消费者赴目标国旅游意向的影响。

核心问题三：消费者善意与敌意对消费者出国旅游决策的影响存在什么边界条件？中国、日本和韩国三国的文化接近。消费者倾向将与母国文化接近性高的国家归入内群体，将与母国文化接近性低的国家归入外群体（Ma et al., 2012）。社会同一性理论认为，个体愿意将自己归入某个群体（Turner et al., 1987），并自然地将他人分为内群体与外群体（Myers, 2013）。个体容易产生内群体偏差，即认为"我们"优秀，而"他们"糟糕（Myers, 2013）。基于社会同一性理论，当目标国－母国文化接近性高时，消费者对目标国的积极情感更突出；当目标国－母国文化接近性低时，消费者对目标国的消极情感更突出。因此，目标国－母国文化接近性可能对消费者敌意/善意对消费者赴目标国旅游意向的影响起调节作用，本书对此观点进行实证检验。

二、研究二探索的核心问题

研究二探索三个核心问题。

核心问题四：消费者对特定国家的敌意与消费者对特定国家目的地的善意的引致因素有哪些？消费者对同一个国家目的地作为国家与作为目的地的情感可能存在差异（Zhang et al., 2016；张宏梅，蔡利平，2011；张静儒，等，2015），可能出现四种情况：①对国家善意＋对国家目的地善意；②对国家敌意＋对国家目的地敌意；③对国家善意＋对国家目的地敌意；④对国家敌意＋对国家目的地善意。在第一与第二种情况下，消费者难以产生矛盾情感态度，不是本书的研究重点；对于第三种情况，消费者赴目标国家目的地的可能性较小，但可能愿意购买目标国的产品，也不是本书的研究重点。小结以上，因为本书的落脚点在消费者的出国旅游决策，所以研究二聚焦于第四种情况：消费者对特定国家持有敌意，但同时又对该国作为目的地持有善意。对不同的目标国，引起消费者敌意的原因是存在差异的（Riefler, Diamantopoulos, 2007；Sánchez et al., 2016）；与此类似，对于不同的国家目的地，引起消费者善意的原因也可能存在差异。本书选择"中国消费者＋日本、韩国和美国目的地"作为研究对象，综合运用文献研究法、问卷调查法和深度访谈法初步探索消费者对不同国家/目的地产生敌意/善意的原因，并运用结构方程模型进行实证检验。

核心问题五：当消费者对特定国家持有强烈敌意，同时又对该国作为目的地持有强烈善意时，是否会产生对该国家目的地的矛盾情感态度？这种矛盾情感态度是否影响消费者赴该国家目的地旅游的意向？在研究二的研究情境下，本书通过三套数据（中国消费者→日本/韩国/美国目的地）进一步扩展研究一所构建的研究模型。

核心问题六：消费者对特定国家的敌意与消费者对特定国家目的地的善意对消费者赴目标国家目的地旅游意向的影响存在什么边界条件？消费者善意表达的是消费者对特定国家/目的地的积极情感；消费者敌意表达的是消费者对特定国家/目的地的消极情感。调节聚焦理论认为，促进调节聚焦的个体更关注事物的积极方面，趋于追求正面结果；预防调节聚焦的个体更关注事物的消极方面，趋于规避负面结果（Higgins，1997；Higgins et al.，2001；张黎，等，2011）。基于此，本书以调节聚焦理论为理论基础，探索消费者调节聚焦（促进调节聚焦/预防调节聚焦）对消费者敌意与消费者善意对消费者赴目标国家目的地旅游意向的影响的调节效应。

第三节 研究意义

本书研究处于"爱恨交织"矛盾情感状态下的消费者出国旅游决策问题，具有如下理论意义与实践意义。

一、理论意义

第一，厘清了消费者敌意、消费者善意以及由两者产生的消费者矛盾情感态度对消费者赴目标国旅游意向的影响机制。消费者敌意与消费者善意是两个不同的构念，两者共同影响消费者出国旅游决策。此研究成果将进一步丰富消费者敌意与消费者善意的理论研究。当消费者对特定国家的敌意与善意皆达一定强烈程度时，消费者产生对该国的矛盾情感态度，消费者矛盾情感态度影响消费者赴目标国旅游意向。此研究成果将进一步扩展矛盾态度理论在国际旅游营销研究领域的应用。

第二，厘清了消费者对特定国家的敌意以及消费者对特定国家目的地的善意的引致因素；区分了消费者对特定国家/目的地的敌意与善意，以及由两者产生的消费者对特定国家/目的地的矛盾情感态度。综合运用文献研究法、问卷调查法和深度访谈法进行探索性研究，搭建初步框架，并运用结构方程模型实证检验，以"中国消费者＋日本/韩国/美国目的地"作为研究对象，探明了消费者对不同的国家/目的地产生敌意/善意的原因。此研究成果将进一步完善消费者敌意与消费者善意的理论研究。当消费者对特定国家持有敌意，同时又对该国作为目的地持有善意时，产生对该国家目的地的矛盾情感态度。本书通过三套数据（中国消费者→日本/韩国/美国目的地）检验研究模型。此研究成果将进一步发展矛盾态度理论，将矛盾态度理论的应用范围从解释消费者购买决策延伸到解释消费者旅游决策。

第三，探讨消费者敌意与消费者善意对消费者出国旅游决策的影响的边界条件；将进一步扩展调节聚焦理论与社会同一性理论在国际旅游营销研究领域的应用。消费者调节聚焦（促进调节聚焦/预防调节聚焦）对消费者敌意/善意与消费者赴目标国家旅游意向之间的关系起调节作用。此研究成果将进一步扩展调节聚焦理论在国际旅游营销研究领域的应用。目标国-母国文化接近性对消费者敌意与善意的效应发挥起调节作用。此研究成果将进一步扩展社会同一性理论在国际旅游营销研究领域的应用。

二、实践意义

在"大众旅游"时代背景下，在中国旅游"515战略"、全域旅游发展战略和"三步走"战略等政策背景下，本书将为中国政府、旅游管理机构和旅行社共同打造强势"国家目的地品牌"，提升中国的国家品牌资产，以进一步吸引国际消费者来华旅游消费提供理论参考。

第一，建议中国政府实施"国家目的地品牌"战略，以进一步增强国际消费者对中国目的地的善意，削弱国际消费者对中国的敌意。新加坡、澳大利亚、纳米比亚、斯洛文尼亚和北爱尔兰等国均已实施"国家目的地品牌"战略，效果优良。然而，中国各界对于打造强势国家目的地品牌还没有形成合力。建议中国政府与国家旅游局建立中国国家目的地品牌管理部门，投入各方资源打造"中国目的地"这个强势品牌。本书表明，消费者对不同的国家/目的地产生敌意/善意的原因是存在差异的。中国政府与旅游管理机构在实施营销方案之前，应在全球范围内进行大规模调研，做到"有的放矢"。

第二，中国旅游管理者应注重与国际消费者的情感沟通。在本书所构建的研究模型中，消费者敌意、消费者善意和消费者矛盾情感态度等构念均涉及消费者心理的微妙活动，触及消费者的情感与心灵，它们对消费者出国旅游决策的影响至关重要。中国营销管理者在对国际消费者进行营销时，往往强调中国品牌与产品的功能性价值，突出消费者的理性诉求；而忽略了中国品牌与产品的享乐性价值，漠视消费者的情感诉求。旅游是一种特殊的产品形式（郭功星，等，2016；张宏梅，蔡利平，2011），旅游营销管理者与消费者进行正确有效的情感交流非常重要（d'Hauteserre，2015）。本书厘清了处于"爱恨交织"矛盾情感状态下的消费者出国旅游决策过程，将为中国旅游管理者对国际消费者发动"情感营销攻势"指明方向。

第三，本书将为操控消费者敌意、善意和矛盾情感态度的影响强弱提供管理对策。旅游管理者在向目标国的消费者进行营销传播时，应选择恰当的营销素材以启动消费者的促进调节聚焦（张黎，等，2011），从而增强消费者善意对消费者来华旅游决策的正面影响；避免启动消费者的预防调节聚焦，防止增强消费者敌意对消费者来华旅游决策的负面影响。此外，可以强调两国之间的文化接近性，从而增强消费者善意对消费者来华旅游决策的正面影响；削弱消费者敌意对消费者来华旅游决策的负面影响。最后，通过各种奖励措施鼓励外国消费者来华旅游后在互联网上传播对中国目的地的正面口碑，降低国际消费者对中国目的地的矛盾情感态度。

第四节 研究方案

根据本书的研究目标，作者绘制技术路线图，如图1-1所示。

一、构建研究框架

1. 文献研究

作者以消费者敌意、消费者善意、矛盾态度（Ambivalence）和目的地形象（Destination Image）等为关键词，使用百度学术搜索引擎以及Emerald、JSTOR、ScienceDirect Online、Springer LINK、EBSCO和中国知网等数据库，检索出文献200余篇，其中包括英文文献120余篇。

作者对100余篇文献进行打印与阅读，并使用EndNote软件建立电子文献库，以便随时调用与查阅文献。对其中30余篇最经典的文献进行全文精读、反复阅读和翻译；对其中50余篇文献精读了摘要、引言、文献综述和结论部分；其余文献至少阅读了摘要部分。通过文献研究，本书形成初步的研究思路。

2. 学术讨论会

在文献研究的基础上，作者定期召开学术讨论会。学术讨论会的成员主要有：作者、作者所在高校的同事、作者的博士生导师以及作者师门的博士研究生等。学术讨论会的一般形式为：首先，作者使用PPT报告项目的最新进展；然后，参与者提问；最后，使用头脑风暴法进行综合讨论。通过多次学术讨论会，本书对初步的研究思路进行完善。

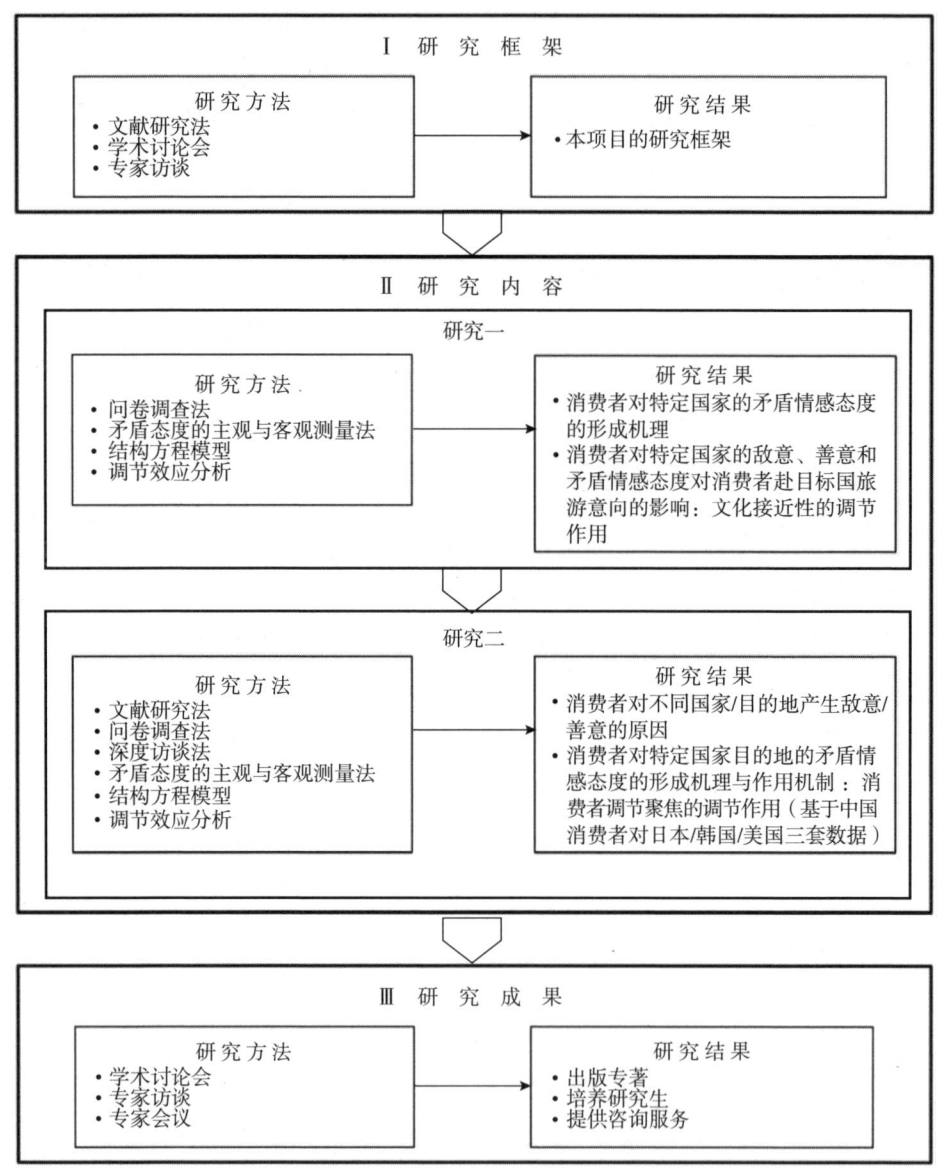

图1-1 本书的技术路线

通过以上工作，本书构建研究框架。

3. 专家访谈

作者在前期已参加多次高水平的学术会议，如 JMS 营销科学学报学术年会、营销科学与应用国际论坛、中国高校市场学研究会学术年会和中国企业管理案例与质性研究论坛等。与会期间，作者对多位国内外知名专家进行了访谈，就本书的初步研究思路与研究框架进行了深入交流。

二、主体研究内容

1. 研究一

研究一、研究二所检验的构念均有成熟量表可以借鉴，不需要进行量表开发工作。第一，根据前期文献研究、问卷调查和深度访谈的研究结果，以及前期积累的研究成果，研究一选择日本作为研究对象，使用问卷调查法，面向中国消费者收集数据。第二，由于矛盾态度的主、客观测量法各有优缺点，为了更准确地测量出消费者的矛盾态度，研究一综合运用两种方法（Hänze, 2001；冯小亮，等，2013；高海霞，张敏，2016；黄敏学，等，2010）。第三，运用结构方程模型与调节效应分析进行数据分析，从而得出研究结论。

2. 研究二

第一，基于机构发布的调研报告以及作者前期调研的结果，作者发现中国消费者对日本、韩国和美国的敌意较强烈（Pew Research Center, 2016）；但同时又对日本、韩国和美国目的地有较强烈的善意（中国旅游研究院，2017）。在这种情境下，消费者更容易产生矛盾情感态度。因此，研究二以"中国消费者+日本/韩国/美国目的地"作为研究对象。第二，研究二综合运用文献研究法、问卷调查法和深度访谈法（周边热爱旅游的人群、旅行社和国际机场等）进行探索性研究，初步确定消费者对不同国家/目的地产生敌意/善意的原因。第三，使用问卷调查法，面向中国消费者收集三套数据，运用结构方程模型与调节效应分析检验研究二所构建的三个研究模型（引致因素有所差异）。

三、形成研究成果

作者召开学术讨论会，对数据分析结果进行讨论，在此基础上撰写本书。作者积极参加国内外学术会议与学术交流活动，报告研究成果，并就研究成果对相关专家进行访谈，以完善各项研究成果。基于此，作者完成本书的撰写工作。之后，作者将召开专家会议，对本书的研究结论进行论证，并完成本书的出版工作。

最后，作者为相关专业的研究生举办系列讲座，报告本书的研究结论，完成与本书作者一起进行相关研究的研究生的培养工作；并为政府、旅游管理机构和旅行社等提供管理咨询服务。

第二章 文献综述

第一节 消费者敌意

敌意（Animosity）是一个心理学概念，描述因为极度生气而产生的敌对情绪（Averill，1982）。Klein 等（1998）最早将"敌意"一词引入跨文化消费者行为研究领域，提出"消费者敌意"，至今约 20 年时间。

一、消费者敌意的概念

Klein 等（1998）将消费者敌意定义为：消费者由于之前或者正在发生的军事、政治或经济事件等而对特定国家产生的反感甚至憎恶之情，它影响消费者在国际市场上的购买决策。此外，Klein 等（1998）还发现，消费者敌意与消费者民族中心主义（Consumer Ethnocentrism）是两个不同的构念，它们之间的区别效度较高。Klein（2002）也得出了类似的结论。消费者民族中心主义指，消费者相信购买外国产品是不合适的，甚至是不道德的，因为这样做会损害国内经济与就业，并且是不爱国的，它影响消费者购买决策（Shimp，Sharma，1987）。消费者敌意与消费者民族中心主义存在三方面不同：第一，消费者敌意仅针对特定国家，而消费者民族中心主义针对所有外国产品；第二，消费者敌意适用于解释当消费者面对的全部是外国产品时如何选择的问题，而消费者民族中心主义适用于解释消费者在国内、国外产品之间进行选择的情形；第三，消费者敌意主要影响购买意向，而消费者民族中心主义既影响产品评价又影响购买意向（Klein et al.，1998；Klein，2002；郭功星，等，2014）。

基于认知-情感理论，Harmeling 等（2015）认为，消费者敌意包括认知性评价与情感性反应两方面。认知性评价指消费者对敌意国引起的危害程度/潜在未来威胁的信念。情感性反应包括两种情感：动机争胜性情感与撤退情感。动机争胜性情感（Agonistic Emotions）是一种逼近导向的情感（如愤怒），表达的是消费者想对敌意国进行报复或惩罚的欲望；撤退情感（Retreat Emotions）是一种逃避导向的情感（如害怕），表达的是消费者想要远离敌意国的欲望（Roseman，1996）。Harmeling 等（2015）发现，认知性评价（敌意信念）通过中介变量情感性反应（动机争胜性情感、撤退情感）进一步影响应对方式（负面口碑、产品质量评价、产品规避）。虽然 Harmeling 等（2015）提出认知性敌意的概念，但大部分学者认为敌意是一种消极情感态度（Riefler，Diamantopoulos，2007；Leong et al.，2008；郭功星，等，2014）。可见，消费者敌意是一种针对特定国家的消极情感态度，它可能是基于消费者对敌意国各方面的认知所产生的。

武瑞娟（2015）发现，消费者敌意与情感国家形象是两个独立的构念，两者既有联系又有区别，消费者敌意负向影响情感国家形象。郭功星等（2016）对消费者敌意的定义为，消费者所持有的对特定实体（国家或者地区）的憎恶和敌对情绪，它通常源于两国或地区间曾经发生的历史事件（如战争等），或者正在发生的冲突及摩擦（如外交冲突、经济问题等）。部分学者将消费者敌意从国家层面延伸到国家内部（Hinck，2004）与地区之间（Shimp et al.，2004），但大部分研究仍聚焦于消费者对特定国家的敌意对其国际消费行为的影响（Riefler，Diamantopoulos，2007；郭功星，等，2014）。

基于现有文献，本书对消费者敌意相关的三个构念进行对比分析，如表 2-1 所示。

表 2-1 消费者敌意的相关构念比较

构　念	消费者敌意	消费者民族中心主义	消费者爱国热情
目标对象	某一个或某些特定的国家及其产品	一切外国产品	一切外国产品
适用范围	全部为外国产品	本国与外国产品之间	本国与外国产品之间

续表

构　念	消费者敌意	消费者民族中心主义	消费者爱国热情
影响结果	主要影响购买意向	既影响产品评价又影响购买意向	主要影响购买意向
购买决策	偏向于购买本国或除敌意国之外的其他国家的产品	偏向于购买本国产品而不购买外国产品	偏向于购买本国产品而不购买外国产品

小结以上，学者们基本上沿用了 Klein 等（1998）对消费者敌意的定义。从这些定义中，本书得出三点结论：第一，消费者敌意表达的是消费者对特定国家的消极情感态度；第二，消费者敌意是基于消费者对敌意国各方面的认知所产生；第三，消费者敌意负向影响消费者购买决策。

二、消费者敌意的维度

一些学者没有对消费者敌意进行维度划分，直接用"一般敌意"来测量（Ettenson, Klein, 2005; Jiménez, San Martín, 2010），但大部分学者认可 Klein 等（1998）的二维划分法。

Klein 等（1998）发现，消费者敌意是一个二阶构念，包括两个维度：战争敌意与经济敌意。战争敌意指，由于历史性事件（如两国之间的军事敌对行动）而累积的强烈敌对情绪；经济敌意是由两国之间的经济竞争或不公平贸易行为所引起的。Klein（2002）再次验证了这一观点，并提出消费者敌意本身可用"一般敌意"来界定，使用"我对日本感到愤怒""我喜欢日本"和"我不喜欢日本"三个测项来测量。消费者敌意的二维度划分法得到了学者们的普遍认可（Riefler, Diamantopoulos, 2007；郭功星，等，2014）。

一些学者认为，消费者敌意的内涵比两维度更丰富。Hoffmann 等（2011）将消费者敌意划分为四个维度：感知威胁、对立的政治态度、不愉快的个人经历、一般敌意。Nes 等（2012）重新开发了一套消费者敌意量表，发现消费者敌意包括四大维度：经济敌意、人民敌意、政治/政府敌意、军事/战争敌意。Sánchez 等（2016）进行探索性研究并进行实证检验，发现消费者敌意包括六大维度：经济敌意、社会敌意、政治敌意、宗教敌意、历史敌意和军事敌意。

也有学者从不同的影响层面与持续时间的长短来界定消费者敌意的维度。

第一，按照不同的影响层面，Ang 等（2004）将消费者敌意划分为国家与个体层面的敌意。国家层面的敌意指，消费者基于他国对待自己母国的不友善而产生的消极情感，如美日珍珠港事件（Klein，2002）等。个体层面的敌意则往往来源于消费者在与其他国家及其人民的互动中所产生的不愉快经历，如金融危机导致失业（Ang et al.，2004）等。第二，按照持续时间的长短，学者们将消费者敌意划分为稳定性敌意与情境性敌意（Ang et al.，2004；Lee，Lee，2013；Leong et al.，2008）。稳定性敌意通常是基于历史性事件所产生的（Lee，Lee，2013），如日本侵华战争（Klein et al.，1998）等，稳定性敌意可能代代相传，甚至可能延续到从未亲身经历过军事冲突的人群（Ang et al.，2004）。与之不同，情境性敌意通常是由当前事件所引发的，具有暂时性、与情境相关的特点（Riefler，Diamantopoulos，2007），如中法外交纠纷导致中国消费者抵制家乐福事件（Mrad et al.，2013）等。此外，两国之间的经济摩擦可能威胁就业与社会稳定，也常常引发情境性敌意（Lee，Lee，2013；Nisco et al.，2016）。

小结以上，按照不同的划分标准，学者们将消费者敌意划分为不同的维度。其中，Klein 等（1998）的消费者敌意二维观点（战争敌意、经济敌意）得到了普遍认可与广泛验证。然而，消费者敌意的维度与引致因素容易被混淆。Riefler 和 Diamantopoulos（2007）通过比较消费者敌意的两种测量模型（反映性与形成性测量模型），指出：战争冲突与经济摩擦是消费者敌意的引致因素，而不是其维度。

三、消费者敌意的引致因素

消费者敌意的维度与引致因素容易被混淆。例如：Klein 等（1998）的研究中关于战争敌意的测项之一为"因为南京大屠杀，我永远不会原谅日本"，这是引发消费者敌意的原因，而不是其维度。Riefler 和 Diamantopoulos（2007）通过比较消费者敌意的两种测量模型（反映性与形成性测量模型），验证了上述观点，指出：战争冲突与经济摩擦是消费者敌意的引致因素，而不是其维度。

引起消费者敌意的原因不止战争和经济两个方面（Nes et al.，2012；Sánchez et al.，2016；郭功星，等，2014）。基于现有研究，消费者敌意的引致因素分为四个方面：第一，战争与军事相关原因（Klein et al.，1998；Lee，Lee，2013；Riefler，Diamantopoulos，2007）；第二，经济相关原因（Ang et al.，2004；Klein et al.，1998；Riefler，Diamantopoulos，2007）；第三，政治与外交相关原因（Riefler，Diamantopoulos，2007；Ettenson，Klein，2005；Lee，Lee，2013）；第四，社会、宗教和国民心理相关原因（Nes et al.，2012；Riefler，Diamantopoulos，2007；Sánchez et al.，2016）。

Riefler 和 Diamantopoulos（2007）通过探索性研究进一步发现，消费者对不同目标国产生敌意的原因存在差异。奥地利人对美国、德国和土耳其的敌意最强烈。奥地利人对美国产生敌意的主要原因是外交政策、经济政策和现任总统等；对德国产生敌意的原因是德国人的心态、身份的丧失和经济问题等；对土耳其产生敌意的原因是土耳其人的心态、女性的地位和宗教。Sánchez 等（2016）的研究验证了上述观点，发现：土耳其人对以色列、沙特阿拉伯和中国的敌意最强烈。土耳其人对以色列产生敌意主要与军事、历史和社会相关；土耳其人对中国产生敌意主要与经济相关；土耳其人对沙特阿拉伯产生敌意主要与宗教及政治相关。

小结以上，消费者敌意的引致因素主要有四个方面：第一，战争与军事相关原因；第二，经济相关原因；第三，政治与外交相关原因；第四，社会、宗教和国民心理相关原因。消费者对不同目标国产生敌意的原因可能存在差异。

四、消费者敌意的影响结果

学者们重点关注消费者敌意对消费者购买决策的影响（Klein et al.，1998；Riefler，Diamantopoulos，2007；郭功星，等，2014）。消费者敌意作为一种针对特定国家的负面情感，往往表现为对来源于这些国家的产品持有排斥甚至抵制态度，导致购买意向的降低。消费者敌意显著地负向影响购买意向，这一结论已得到大量实证研究的支持（Ettenson，Klein，2005；Klein et al.，1998；Lee，Lee，2013）。

关于消费者敌意对消费者购买决策的影响的中介机制存在争议。一般认为：消费者敌意往往直接影响购买意向，这种影响不取决于产品评价的中介作用，这意味着消费者在对特定国家产生敌意之后可能不愿意购买该国产品，但他/她们对该国产品的评价却不会因此而扭曲（Klein et al.，1998；Maher，

Mady，2010；郭功星，等，2014）。

然而，一些学者却发现：消费者敌意不仅直接影响购买意向，还通过中介变量产品评价间接影响购买意向。Ettenson 和 Klein（2005）针对法国在南太平洋实施核试验开展了两个阶段的研究，分别在核试验期间与核试验停止一年之后，发现：在核试验期间，澳大利亚消费者对法国的敌意直接影响其对法国产品的购买意向，不通过产品评价的中介作用；而在核试验停止一年之后，仍然对法国感到愤怒的澳大利亚消费者降低了其对法国产品的评价，消费者敌意通过产品评价间接影响购买意向。

Nes 等（2012）指出，消费者敌意包括四个维度：经济敌意、军事/战争敌意、人民敌意、政治/政府敌意，并发现：心理情感对消费者敌意与购买意向之间的关系起完全中介作用。基于认知-情感理论，Harmeling 等（2015）指出，消费者敌意包括两方面：认知性评价（敌意信念）与情感性反应（动机争胜性情感、撤退情感），并发现：认知性评价通过中介变量情感性反应进一步影响应对方式（负面口碑、产品质量评价、产品规避）；动机争胜性情感正向影响负面口碑与产品规避，但对产品质量评价的影响不显著；撤退情感正向影响产品质量评价与产品规避，但对负面口碑的影响不显著。

部分学者还进一步探讨了消费者敌意对消费者实际行为的影响。一些学者探索了购买意向对实际产品拥有的影响，发现当消费者敌意导致购买意向降低时，消费者实际拥有的敌意国产品的数量也会相应减少（Klein et al.，1998；Klein，2002）。武瑞娟（2015）发现，消费者敌意负向影响情感国家形象；消费者敌意对产品评价与购买意向均无显著影响，却显著地负向影响实际产品拥有。另一些学者发现，消费者敌意显著地正向影响参与抵制行为（Ettenson，Klein，2005）。Mrad 等（2013）发现，消费者敌意分别通过自我效能与自我增强来影响参与抵制行为。

少量研究探索了影响消费者敌意效应发挥的边界条件。Jiménez 和 San Martín（2010）发现，当消费者对某产品变得熟悉时，产品的原产国联想可能变得更明显，这导致更高的产品熟悉度作为一种刺激性因素进一步激发了消费者敌意，从而增强了消费者敌意对信任的负向影响。Riefler 和 Diamantopoulos（2007）提出，文化相似性可用文化距离指数（Hofstede，1980）来测量，文化相似性越低，消费者越容易对目标国产生敌意。Ma 等（2012）使用同样的测量方法来测量文化相似性，并发现：文化相似性会削弱战争与经济敌意对购买意向的负向影响。Wang 等（2013）发现，消费者的物质主义会削弱经济敌意对购买意向的负向影响；消费者对规范性影响的敏感度会增强战争敌意对购买意向的负向意向。

绝大多数学者都在探索消费者敌意对其产品购买决策的影响（Riefler，Diamantopoulos，2007；郭功星，等，2014）。旅游是一种特殊且重要的产品形式（郭功星，等，2016；张宏梅，蔡利平，2011）。然而，仅有个别文献探索消费者敌意对消费者旅游决策的影响。郭功星等（2016）发现，消费者敌意对中国青少年赴日旅游意向有显著的负向影响；自我效能对消费者敌意与旅游意向之间的关系起中介作用；男性消费者敌意对自我效能的影响程度更强。Sánchez 等（2016）发现，取决于分析的国家不同，有不同类型的敌意，它们对旅游意向的影响并非总是显著的。具体而言，土耳其消费者对沙特阿拉伯的政治与社会敌意显著地负向影响旅游意向；土耳其消费者对以色列的政治敌意显著地负向影响旅游意向；土耳其消费者对中国的政治敌意显著地负向影响旅游意向。

综上所述，消费者敌意概念的提出已有 20 年时间，一直是跨国消费者行为研究的热点问题。消费者敌意表达的是消费者对特定国家的消极情感态度。一般认为，消费者敌意包括两个维度：战争敌意与经济敌意。消费者敌意的维度与引致因素容易被混淆。消费者敌意的引致因素主要有四个方面：第一，战争与军事相关原因；第二，经济相关原因；第三，政治与外交相关原因；第四，社会、宗教和国民心理相关原因。消费者对不同目标国产生敌意的原因可能存在差异。现有文献聚焦于消费者敌意对消费者购买决策的影响。少量研究探索消费者敌意效应发挥的边界条件。仅有个别文献探索消费者敌意对消费者旅游决策的影响。具体到本书研究的消费者出国旅游决策，下列问题有待研究：第一，消费者对不同目标国产生敌意的原因是什么？第二，消费者敌意对消费者赴敌意国旅游意向的影响存在哪些边界条件？

第二节　消费者善意

善意（Affinity）一词来源于拉丁文"affinitas"，用于表达对某些人或事的喜爱之情（Oberecker et al.，2008）。Jaffe 和 Nebenzahl（2006）最早将"善意"一词引入跨文化消费者行为研究领域。随后，Oberecker 等（2008）正式提出"消费者善意"（Consumer Affinity），至今只有 10 年时间，是一个新颖的构念。

一、消费者善意的概念

Oberecker 等（2008）将消费者善意定义为，消费者由于直接的个人经历/主观认知，对特定国家产生的喜欢、共鸣甚至依恋之情，这种情感正向影响消费者对该国产品与服务的购买决策。Oberecker 等（2008）还分析了消费者善意与消费者崇外（Xenophilia）、国际主义（Internationalism）、敌意和国家形象（Country Image）的区别，并特别指出，消费者善意与敌意不是同一个构念的两极，而是两个相互独立的构念。学者们的实证研究结果支持这一观点（Asseraf, Shoham, 2016；Nes et al.，2014；Wongtada et al.，2012）。

Wongtada 等（2012）提出，当消费者对特定国家产生依恋、共鸣和赞赏之情时，或当消费者相信该国具有由积极情感联想所组成的刻板印象时，就会产生对该国的善意。Nes 等（2014）认为消费者善意指，消费者由于特定国家的文化与景观、音乐与娱乐、人民及其生活方式、政府政策，对该国产生的喜欢与钟爱之情，影响微观国家形象、购买意向和实际产品拥有。Asseraf 和 Shoham（2016）提出，消费者善意是消费者对特定国家的积极情感态度，能克服诸如消费者敌意与消费者民族中心主义等消极态度的影响，并能改善该国的产品、目的地品牌和旅游的表现。Oberecker 和 Diamantoploulos（2011）认为消费者善意体现的是，消费者对特定国家的喜爱之情，影响消费者对该国产品的感知风险与购买意向，以及对该国的投资与旅游意向。Oberecker 和 Diamantoploulos（2011）还指出，消费者民族中心主义是消费者对外国产品在整体上的偏见，而消费者善意表达的是消费者对特定国家的积极情感，两者是不同的构念。

Bernard 和 Zarrouk-Karoui（2014）提出，消费者善意与微观国家形象不同。微观国家形象可能是积极的，也可能是消极的；而消费者善意是消费者对特定国家的积极情感，能增强消费者对该国产品的购买与支付意愿。Banna 等（2016）指出，消费者善意与消费者对外国的一般积极态度（如消费者世界意识、消费者崇外)不同,消费者善意是消费者对特定国家的好感,正向影响消费者对该国产品的购买意向。

基于现有文献,本书对消费者善意及其相关构念进行分析比较,如表 2-2 所示。

表 2-2 消费者善意的相关构念比较

构 念	内 涵	代表性文献
消费者善意 (Consumer Affinity)	对特定国家的积极情感	Oberecker et al. (2008)
消费者敌意 (Consumer Animosity)	对特定国家的消极情感	Klein et al. (1998)
消费者民族中心主义 (Consumer Ethnocentrism)	对所有外国产品的偏见	Shimp 和 Sharma (1987)
消费者爱国热情 (Consumer Patriotism)	对所有外国产品的偏见	Schatz et al. (1999)
消费者崇外 (Consumer Xenophilia)	对所有外国产品的好感	Perlmutter (1954)
消费者国际主义 (Consumer Internationalism)	对所有外国产品的好感	Balabanis et al. (2001)
消费者世界主义 (Consumer Cosmopolitanism)	对所有外国产品的好感	Riefler 和 Wongtada (2007)

小结以上,学者们对消费者善意的定义大同小异,基本沿用了 Oberecker 等(2008)的表述。从这些定义,可以得出三点结论:第一,消费者善意表达的是消费者对特定国家的积极情感态度,本书将消费者善意的客体延伸到特定国家/目的地;第二,消费者善意与消费者敌意不是同一个构念的两极,而是两个相互独立的构念;第三,消费者善意正向影响消费者购买决策。

二、消费者善意的维度

关于消费者善意的维度尚未形成定论,主要有以下四种观点。

第一,一维观点。Bernard 和 Zarrouk-Karoui(2014)认为消费者善意是一个单一维度的构念,可用"我对该国有一种愉快的感觉""我喜欢该国"和"我对该国有一种共鸣的感觉"等七个测项来测量,类似于 Nes 等(2014)提及的一般善意（General Affinity）。Bernna 等（2016）也提出了类似的观点。

第二，二维观点。Oberecker 和 Diamantoploulos（2011）将消费者善意界定为二维度的二阶构念，包括共鸣与依恋两个维度。共鸣（Sympathy）表达的是消费者对特定国家自发的或自然而然的喜欢，是一种程度较弱的积极情感；依恋（Attachment）体现的是消费者对特定国家具有凝聚力与区别于其他国家的感觉，是一种程度较强的积极情感。

第三，三维观点。基于对泰国曼谷 MBA 学生的问卷调查，Wongtada 等（2012）开发了一套消费者善意量表，发现消费者善意是一个二阶构念，包括三个维度：人民善意、商业善意和教育善意。

第四，四维观点。Asseraf 和 Shoham（2016）认为消费者善意是一个二阶构念，包括生活方式、景观、文化和海外联系四个维度。Nes 等（2014）开发了一套消费者善意量表，提出消费者善意包括自然/文化、娱乐、人民和政治四个维度。

由以上可知：第一，关于消费者善意的维度尚无定论；第二，消费者善意的维度与引致因素容易被混淆。Nes 等（2014）通过比较消费者善意的两种测量模型（反映性与形成性测量模型），发现：自然/文化、娱乐、人民和政治是消费者善意的引致因素，而不是其维度。

三、消费者善意的引致因素

Oberecker 等（2008）将消费者善意的引致因素分为两大类：宏观与微观引致因素。宏观引致因素由国家特征构成，包括：生活方式、风景、文化、政治与经济，消费者可能没有亲身经历过，也能从媒体、书籍或学校教育等渠道间接获得关于国家特征的信息；微观引致因素代表的是消费者与特定国家的个人互动，通常是基于对该国/该国人民的直接个人经历，包括：海外经历、旅游和海外联系。通过对以色列消费者的 12 次深度访谈，Asseraf 和 Shoham（2016）验证与补充了 Oberecker 等（2008）的观点，认为消费者善意的引致因素共有八个：生活方式、文化、风景、海外经历、旅游、海外联系、文化相似性和集体记忆，即：补充了文化相似性这一引致因素，并将政治与经济调整为集体记忆。由于政治与经济这一引致因素对形成消费者善意的作用在 Oberecker 等（2008）的研究中没有得到证实，因此，Asseraf 和 Shoham

(2016）将其调整为集体性记忆。集体性记忆指两国之间的关系，如共同的历史、边界或经济纽带等。

Bernard 和 Zarrouk-Karoui（2014）将消费者善意的引致因素归纳为四类，分别为：消费者的个人经历、自然景观、文化和生活质量，并发现这四类引致因素与国家形象是不相关的。Nes 等（2014）通过比较消费者善意的两种测量模型（反映性与形成性测量模型），发现形成性测量模型的拟合度更佳，因此指出：自然、文化、娱乐、人民和政治是消费者善意的引致因素，而不是其维度；而消费者善意本身用"一般善意"来界定，使用"我喜欢该国"与"我钟爱该国"两个测项来测量。

小结以上，关于消费者善意的引致因素尚无定论。具体到本书的研究问题，引起消费者对特定国家目的地产生善意的原因是什么？答案尚不明朗。与消费者敌意类似，消费者对不同国家目的地产生善意的原因可能存在差异，但这方面研究很少。

四、消费者善意的影响结果

消费者善意的实证研究尚处于起步阶段，国内消费者善意的实证研究很少，而国外消费者善意的实证研究也不多见。

学者们重点关注消费者善意对消费者购买决策的影响。学者们发现，消费者善意显著地正向影响购买意向（Bernard, Zarrouk-Karoui, 2014; Nes et al., 2014; Oberecker, Diamantopoulos, 2011）。除了直接影响购买意向之外，消费者善意还通过一些中介变量间接影响购买意向，如：感知风险（Oberecker, Diamantopoulos, 2011）、产品评价（Oberecker et al., 2008; Wongtada et al., 2012）和微观国家形象（Nes et al., 2014）等。Oberecker 等（2008）、Wongtada 等（2012）和 Nes 等（2014）三篇文献中使用的中介变量"产品评价"与"微观国家形象"都是反映消费者对来自善意国的产品的整体评价，这是一种"产品-国家形象"（Huang et al., 2010; Lee, Lee, 2013; Nes et al., 2014）。

与此同时，学者们还实证检验了消费者善意对产品尝试意向（Banna et al., 2016）、支付意向（Bernard, Zarrouk-Karoui, 2014）和实际产品拥有（Nes et al., 2014）等的影响。Asseraf 和 Shoham（2016）探索了消费者善意、敌意、民族中心主义和世界主义对消费者产品评价与实际产品拥有的影响,发现:消费者善意通过中介变量产品评价间接影响实际产品拥有。

除了产品购买决策之外,个别研究还发现,消费者善意影响旅游意向与投资意向(Oberecker,Diamantopoulos,2011)。

最后,仅有个别研究探索消费者善意效应发挥的边界条件。Bernard 和 Zarrouk-Karoui(2014)探索了品类国家形象对消费者善意与购买意向/支付意向之间关系的调节作用,却发现此调节作用不显著。

综上所述,消费者善意概念的提出仅有10年时间,是一个新颖的研究领域。消费者善意表达的是消费者对特定国家的积极情感态度,本书将消费者善意的客体延伸到特定国家/目的地。消费者善意与消费者敌意不是同一个构念的两极,而是两个独立的构念。关于消费者善意的维度尚无定论。关于消费者善意的维度与引致因素容易被混淆。关于消费者善意的引致因素尚无定论。消费者对不同国家目的地产生善意的原因可能存在差异。现有文献聚焦于消费者善意对消费者购买决策的影响。仅有个别文献探索消费者善意对消费者旅游决策的影响。具体到本书研究的消费者出国旅游决策,下列问题有待研究:第一,消费者对不同国家目的地产生善意的原因是什么?第二,消费者善意对消费者赴善意国旅游意向的影响存在哪些边界条件?

第三节　消费者矛盾态度

早期的研究认为态度是一元的,对个体态度的测量使用具有两极的连续一维刻度(Thurstone,1928)。一极表示个体对态度对象具有强烈的喜好与赞成等积极态度;另一极表示强烈的讨厌与反对等消极态度;刻度的正中点表示中立态度。这种一元态度观点认为,态度只能是"喜欢"与"不喜欢"中的一个(Eagly,Chaiken,1993),且随着喜欢(不喜欢)程度增加,不喜欢(喜欢)程度就会相应减少(Cacioppo et al.,1996;Kaplan,1972),这意味着积极与消极态度存在此消彼长的关系(Eagly,Chaiken,1993;Petty et al.,1994)。

Scott(1966)最早将"矛盾"的概念引入态度研究领域,提出矛盾态度。

矛盾态度指：个体对态度对象同时持有积极与消极的冲突性反应、信念或情感的一种心理状态（Conner, Armitage, 2008; Kaplan, 1972; van Delft, Merijn, 2004）。矛盾态度理论认为态度是二元的，积极与消极态度可以同时存在，不一定此消彼长（Conner, Armitage, 2011; 黄敏学，等，2010; 高海霞，张敏，2016）。基于此，Otnes 等（1997）首次将"矛盾态度"引入消费者行为研究领域，提出"消费者矛盾态度"（Consumer Ambivalence），至今有 20 余年的研究历史。

一、消费者矛盾态度的内涵

Otnes 等（1997）最早对消费者矛盾态度进行了定义：消费者同时或依次体验到的多种情感状态，它是内部因素与在市场导向环境下的外部对象、人、机构/文化现象相互作用的结果，它对消费者购前、购中和购后的态度与行为有直接/间接的影响。该定义较好地结合了内部与外部因素，归纳了消费者矛盾态度的引致因素与影响结果，但没有突出矛盾态度的二元性与冲突性的特点。Jonas 等（1997）提出，当消费者遇到新的或不熟悉的态度对象，并对此态度对象同时持有积极与消极态度时，这种评价不一致信息导致矛盾态度，即消费者对特定态度对象的积极与消极评价可以同时存在。其他学者们也提出了类似的观点，即：消费者在同一时间对给定态度对象可以同时持有积极与消极评价（Hänze, 2001; 冯小亮，等，2013; 高海霞，张敏，2016）。

黄敏学等（2010）认为，对消费者矛盾态度的理解应注意几个方面：第一，消费者矛盾态度强调在营销环境刺激下，消费者因人、因事和因境所产生的矛盾态度；第二，只有消费者对同一营销对象的积极与消极评价皆达一定强度时，其矛盾态度才会产生；第三，消费者矛盾态度的对象包括：产品、服务、人员、厂商和情境等营销要素，不局限于某一特定对象。基于此，黄敏学等（2010）认为消费者矛盾态度指：消费者对某一营销要素同时存在的积极与消极的认知评价及情感体验。陈志霞与陈剑峰（2007）认为矛盾态度是：个体或群体对某种态度目标同时存在积极与消极的认知评价和情绪情感体验。高海霞和张敏（2016）将消费者矛盾态度定义为：消费者对某一对象（包括产品或服务）同时存在的积极与消极的认知评价、情绪以及情感体验。以上定义大同小异。

潘晓波（2015）认为，消费者矛盾态度的内涵包括以下要点：第一，消费者矛盾态度是相互冲突与独立的二元态度结构；第二，消费者矛盾态度影响消费者购买前、购买中和购买后的行为意向与行为；第三，消费者矛盾态度的对象为与消费行为或决策相关的对象。潘晓波（2015）特别指出，消费者同时持有对态度对象达到一定程度的消极与积极态度，是形成矛盾态度的基础，在此过程中，会受到消费者自身因素与外在营销因素的影响。基于此，潘晓波（2015）定义消费者矛盾态度为：消费者在对目标商品进行评价或在进行购买决策的过程中，由于个体自身因素与外部因素的作用，同时持有对于目标对象的积极与消极态度，积极与消极态度彼此独立，为消费者带来矛盾与冲突的认知及情感体验，对其购买前、购买中和购买后的态度和相关行为产生影响。

基于态度三成分理论（Rosenberg，1960）与ABC态度模型（Solomon，2016），学者们进一步指出，态度不仅是二元的，也是多维度的，由认知、情感和意动三个维度构成（冯小亮，等，2013；马艳丽，2014）。矛盾态度既可以由相同维度之间的冲突形成，也可以由不同维度之间的冲突形成（Moody et al.，2014）。基于此，矛盾态度主要分为三类：认知－认知矛盾、认知－情感矛盾和情感－情感矛盾（Jonas et al.，2000；MacDonald，Zanna，1998；van Delft，Merjin，2004）。本书聚焦于消费者的情感－情感矛盾。

小结以上，消费者矛盾态度指：消费者对某一营销要素同时存在的积极与消极的认知评价及情感体验（黄敏学，等，2010）。消费者矛盾态度包括以下三大理论要点，如表2－3所示。

表2－3 消费者矛盾态度理论要点

消费者矛盾态度理论要点	代表性文献
态度是二元的，而不是一元的；积极与消极态度可以同时存在，不一定此消彼长	Conner 和 Armitage（2011）；Kaplan（1972）；Katz 和 Hass（1988）
只有当积极与消极态度均达到一定强度且大致相等时，矛盾态度才会产生	Maio et al.（2009）；Moody et al.（2014）；Williams 和 Aaker（2002）
矛盾态度包括三种类型：认知－认知矛盾、认知－情感矛盾、情感－情感矛盾	Jonas et al.（2000）；MacDonald 和 Zanna（1998）；Van Delft 和 Merjin（2004）

二、矛盾态度的测量

第一,矛盾态度的主观测量法。矛盾态度的主观测量法指:通过一些测项来直接询问调查对象对某个对象的主观冲突体验与矛盾程度(Conner, Armitage, 2008; Priester, Petty, 1996; 潘晓波, 2015),如表2-4所示。

表2-4 矛盾态度的主观测量法

测项举例	量表类型	代表性文献
"我对……同时具有赞同与反对的强烈矛盾情绪体验"	9级量表(-4表示"非常不符合我的态度";4表示"非常符合我的态度")	Thompson 和 Zanna(1995)
"我对……的看法是……"	11级量表(0表示"一点都没感觉到矛盾";10表示"感觉到最强烈的矛盾")	Priester 和 Petty(2001)
"我对……有复杂的感觉"	7级量表(-3表示"强烈不同意";3表示"强烈同意")	Olsen et al.(2009)

主观测量法的优点是简单直接,其测量角度紧扣矛盾态度的综合体验与反应,较好地体现了矛盾态度的概念(潘晓波,2015)。但在实际应用时,主观测量法存在一定的局限性。首先,人们不喜欢体验与矛盾态度相关的消极情感,因此,可能不知道或不愿意真实地报告他/她们的矛盾程度(Moss,2010),这导致主观测量法缺乏测量的准确性(黄敏学,等,2010)。其次,询问个体是否感到矛盾可能会被其误解为是否感到不确定或模糊(Hass et al.,1992);最后,由于主观测量法只呈现主观整体感受,未能反映矛盾态度的二元结构,因此不适合于需要具体考察矛盾的个体积极与消极态度的结构、变化和影响等的研究(Conner et al., 2002; Olsen et al., 2009; Russell et al., 2011)。

第二,矛盾态度的客观测量法。矛盾态度的客观测量法指:首先,请被试者忽略目标物的负面特征,只考虑目标物的正面特征来进行评价,从而测量出被试者的积极态度;其次,请被试者忽略目标物的正面特征,只考虑目标物的负面特征来进行评价,从而测量出被试者的消极态度;最后,通过公式计算出矛盾态度的得分(Armitage, Conner, 2000; Jonas et al., 2000; Thompson, Zanna, 1995)。客观测量法在研究过程中实施时,应注意两个关键问题:一是确保被试者在不受对立因素影响的情况下进行评价,研究中都会给被试者

"不考虑对立因素"的明确提示,以保证被试者对积极与消极态度进行独立评价(Conner et al., 2002; Priester, Petty, 1996; 黄敏学, 等, 2010); 二是选择合理的计算方法对个体的整体矛盾态度进行准确的计算(潘晓波, 2015)。客观测量法主要有四种计算方法, 如表 2-5 所示。

表 2-5 矛盾态度的客观测量法

矛盾态度的客观测量法	代表性文献
Kaplan 测量法❶ 矛盾态度 $= S + L - \mid S - L \mid = S$	Kaplan (1972)
Katz 法❷ 矛盾态度 $= P \times N$	Katz 和 Hass (1988)
Griffin 公式❸ 矛盾态度 $= (P + N)/2 - \mid P - N \mid + X$	Thompson et al. (1995)
渐进阈值模型❹ 矛盾态度 $= 5C^p - D^{1/c}$	Priester 和 Petty (1996)

使用上述三种计算方法得出的分数越高,表示态度的矛盾性程度越强。

Thompson 等(1995)提出的 Griffin 公式较全面地概括了以往学者所提出的各种矛盾特征(Jonas et al., 2000; 王大海, 等, 2015); 此外, 相比于其他公式,它与使用主观测量法得出的矛盾态度的相关系数最高(Priester, Petty, 1996)。因此,Griffin 公式成为当前应用最广泛的客观矛盾态度测量法(黄敏学, 等, 2010; 高海霞, 张敏, 2016)。渐进阈值模型突破了简单直线关系模型(潘晓波, 2015),是一种有效的矛盾态度客观测量法(Priester, Petty, 1996)。

客观测量法的优点在于其测量角度突出了矛盾态度形成的本质特征; 同时,在测量过程中,积极、消极态度分开独立测量,便于被试者清楚、准确地识别与评价(潘晓波, 2015)。然而,客观测量法也存在一定的局限性, 主要

---

❶ S 代表矛盾态度中的较小评分值; L 代表矛盾态度中的较大评分值。
❷ P 代表测量得到的独立的积极态度得分; N 代表测量得到的独立的消极态度得分。
❸ X 是根据量表设计,为避免出现负数而任意赋值的自然数。
❹ D 表示主导型态度,即积极与消极态度中得分较高者; C 表示冲突性态度,即积极与消极态度中得分较低者; p 为小于 1 的常数。

为：被试者很难在完全忽略负面特征的情况下对正面特征进行客观评价，反之亦然，这可能导致所得分数代表意义的下降（黄敏学，等，2010）。

第三，矛盾态度的综合测量法。由于矛盾态度的主、客观测量法各有优缺点，为了更准确地测量出消费者的矛盾态度，学者们建议结合使用这两种方法（Olsen et al.，2005；黄敏学，等，2010），即在使用客观测量法测出矛盾态度得分之后，再使用主观测量法测出消费者矛盾感知程度，最后将两者所得结果进行对比分析，从而提高矛盾态度测量的准确性（Hänze，2001；冯小亮，等，2013；高海霞，张敏，2016）。

小结以上，矛盾态度主要有三种测量方法：主观测量法、客观测量法和综合测量法。主观测量法简单直接，体现了矛盾态度的内涵；但未能反映矛盾态度的二元结构，测量准确性较差。客观测量法主要有四种计算方法：Kaplan 测量法、Katz 法、Griffin 公式和渐进阈值模型。其中，Griffin 公式应用最广泛。客观测量法准确性较高，且体现了态度二元性的本质；但被试者很难撇开负面特征来对正面特征进行客观评价，反之亦然。因此，学者们推荐使用综合测量法来测量消费者矛盾态度。

三、矛盾态度的引致因素

Otnes 等（1997）使用对婚礼策划的案例研究法，最早探索了消费者矛盾态度的引致因素，并归纳了相应的处理策略，如表 2-6 所示。

表 2-6 消费者矛盾态度的引致因素与处理策略（Otnes et al.，1997）

消费者矛盾态度的引致因素	消费者的处理策略
预期与现实的差距：产品相关的预期、零售商相关的预期	退货、改变购物场所、继续忍受、固执己见
信息超载：产品选择过多、任务过多	简化、寻求帮助、广泛收集信息
与购物影响者的角色冲突	顺从、妥协
习俗与价值观冲突：对习俗的抵抗、自我表达的欲望、无法提供合乎习俗的物品	放弃、修改、挑衅性地不购买

之后，根据不同的分类方法，学者们对矛盾态度的引致因素进行了总结与归纳。

黄敏学等（2010）按消费者矛盾态度产生的类型，对消费者矛盾态度的引致因素进行了归纳，如表2-7所示。

表2-7 消费者矛盾态度的引致因素（黄敏学，等，2010）

消费者矛盾态度产生的类型	消费者矛盾态度的引致因素
个人因素	认知需求（Thompson, Zanna, 1995）、犹豫（Kuhl, 1994）、对个人犯错的恐惧（Thompson, Zanna, 1995）、文化冲突（Chong, 2000）、信息处理能力（Rudolph, Popp, 2007）
产品因素	介入度（Hänze, 2001）、对同一产品不同属性的评价不同（Bells, Esses, 2002）、预期性冲突反应（Priester et al., 2007）、与参照群体相冲突（Otnes et al., 1997）
情境因素	选择余地过于丰富（Bettman et al., 1998）、广告的泛化（Keele, Wolak, 2008）、信息来源的差异性（Hodson et al., 2001）、卖场服务人员的态度（Otnes et al., 1997）

也有学者按消费者内在个体特征与外在营销因素，将消费者矛盾态度的引致因素分为两类（潘晓波，2015；王大海，等，2015）。其中，消费者内在个体特征方面的引致因素包括：消费者知识、感知效用、价格敏感性（王大海，等，2015）和对个人犯错的恐惧（Thompson et al., 1995）等。外在营销方面的引致因素包括：群体认同（王大海，等，2015）、介入度（Thompson, Zanna, 1995；Lavine et al., 2000）和与他人意见的冲突（Priester, Petty, 2001）等。

高海霞和张敏（2016）按消费者购买决策的五个阶段，对消费者矛盾态度的引致因素进行了归纳，如表2-8所示。

表2-8 消费者矛盾态度的引致因素（高海霞，张敏，2016）

消费者矛盾态度产生的阶段	消费者矛盾态度的引致因素
问题认知	个人预期（Priester et al., 2007）、经验（Deanna, Kempf, 1999）
信息收集	信息特征（Rucker et al., 2014）、信息处理能力（Rudolph, Popp, 2007）
方案评价	介入度（潘晓波，程海芳，2014）、备选方案过于丰富（Sweeney et al., 2000）
购买过程	产品知识（Rao, Monroe, 1988）、参照群体态度（王大海，等，2015）
购后行为	购后失调（Hasan, Nasreen, 2012）、售后服务（Clark, 2004）

除了直接考察消费者矛盾态度的引致因素之外，学者们还提出了另一条研究思路：首先分别探索消费者积极与消极态度及其引致因素；根据矛盾态度理论，积极与消极态度可以共存，当两者在特定情境下均达到一定强度时，可能产生消费者矛盾态度（Moody et al., 2014; Russel et al., 2011; 潘晓波, 2015）。Moody 等（2014）发现：消费者对电商的信任与不信任可以同时存在；当两者皆达一定强烈程度时，消费者产生对电商的矛盾态度。Russel 等（2011）发现：法国消费者对美国同时持有积极与消极态度，当两者皆达一定强烈程度时，法国消费者产生对美国的矛盾态度。消费者对特定国家目的地是否会产生矛盾情感态度？很少有研究对此进行探索。

小结以上，依据不同的分类方法，学者们探索与归纳了消费者矛盾态度的引致因素。除了直接考察消费者矛盾态度的引致因素之外，学者们提出了另一条研究思路：首先分别探索消费者积极与消极态度及其引致因素；根据矛盾态度理论，积极与消极态度可以共存，当两者在特定情境下均达到一定强度时，可能产生消费者矛盾态度。很少有研究探索消费者对特定国家目的地的矛盾态度。

四、消费者矛盾态度对消费者购买决策的影响

大量研究表明，矛盾态度影响行为意向（Conner, Flesh, 1998; Haenze, 2001; Thompson, Holmes, 1996）。学者们认为，矛盾态度促使个体更深入思考而不是轻率行动（Hänze, 2001; Jonas et al., 1997; Maio et al., 1996）。大量研究发现，矛盾态度负向影响行为意向，这是因为矛盾态度使决策变得困难（Greenspan, 1980），可能导致决策回避（Jin, Villegas, 2007）或拖延（Hänze, 2001）。

Costarelli 和 Colloca（2004）认为，在环保领域，消费者持有矛盾态度意味着他/她们对环保的必要性不是完全确信，对环境的关注也随之降低，最终导致环保行为意向的降低。Olsen 等（2005）通过实证研究发现，消费者的态度矛盾性越高，其满意度越低，再次购买意向也就越低。Russel 等（2011）发现，法国消费者对美国的矛盾态度负向影响消费者购买标志性美国品牌的意愿，且此影响独立于积极与消极态度各自单独产生的影响。可见，消费者矛盾态度负向影响消费者行为意向。

近年来，网络购物发展迅猛，而矛盾态度在网络购物这一新兴的消费方式下尤为突出（潘晓波，黄卫来，2015）。因此，学者们的研究兴趣转移到应用矛盾态度理论来解释消费者的网购行为。

消费者在网购时，为了降低网购的不确定性所带来的高风险（Lee，Tan，2003），会主动关注产品质量、服务态度和物流速度等在线评论（Cheung et al.，2008；马艳丽，2014）。然而，对目标商品的在线评论经常相互矛盾（Schlosser，2005；冯小亮，等，2013），由此使消费者产生矛盾态度（黄敏学，等，2010；潘晓波，黄卫来，2015），此时，消费者如何进行网购决策？

黄敏学等（2010）通过两个现场实验，发现消费者态度的矛盾性程度稳定地调节着消费者对外界信息的选择与处理。具体而言，高矛盾性的消费者的主要动机是减少矛盾态度带来的认知失调感，会选择性注意网上的正面口碑；而低矛盾性的消费者的主要动机是降低购后风险，更倾向于选择性注意网上的负面口碑。Zemborain 和 Johar（2007）也得出了类似的结论。在以上研究的基础上，冯小亮等（2013）进一步发现，高矛盾性的消费者的情感态度更容易被调整；而低矛盾性的消费者的认知与意动态度更容易被改变。马艳丽（2014）发现，在展示包含具体评论内容的相同比例的正、负评论之后，高、低矛盾者态度各个成分（认知、情感、意动）均显著下降；高矛盾者情感变化最大，低矛盾者意动变化最大；高矛盾者在认知、情感和意动三个成分的变化程度均小于低矛盾者。潘晓波和黄卫来（2015）发现，在网络购物情境下，消费者阅读商品信息与商家信用记录之后所产生的初步态度矛盾性对消费者后续的行为、特征等有显著影响。初步态度矛盾性高的消费者的信息量阈值更高，投入更多努力，采取更多系统式处理方式；然而，面对相同的正面口碑信息时，初步态度矛盾性高的消费者却更难降低其矛盾性；初步态度矛盾性高的消费者对正面口碑信息的主客观性特征更敏感；客观性正面口碑比主观性正面口碑对降低消费者态度矛盾性的作用更大。潘晓波等（2017）发现，包含反转负面追加评价的评价信息对在线消费者的作用呈现负面影响，从而使消费者态度矛盾性提升，其影响力大于一般形式的负面评价信息；追加的形式和反转的极性特征对消费者由于态度矛盾性水平差异带来的评价信息偏颇吸收行为具有缓解作用，从而降低积极态度对于负面评价信息的抵御能力。单春玲和赵含宇（2017）发现，消费者的矛盾态度稳健地调节着消费者对外界信息的处理。网络口碑的评论质量和评论数量对消费者态度的改变具有显著影响；高矛盾消费者受评论质量的影响较为显著，即高矛盾者主要沿着中心路径改变态度；低矛盾者受评论数量的影响较为显著，即低矛盾者主要沿着边缘路径改变态度。

与此同时，消费者对信息源的信任度也影响消费者的网购决策（Watts，Zhang，2008；Zemborain，Johar，2007；潘晓波，2015）。在线评论信息来源于电商，消费者对信息是否真实、完整具有不确定性，对电商是否真心关怀消费者、是否公正客观也不是完全放心。因此，学者们探索消费者对电商的矛盾态度对其行为意向的影响。Moody等（2014）提出，对电商的信任与不信任是两个不同的构念，它们能够共存，且当它们同时达到一定强度时，消费者矛盾态度产生。Moody等（2014）发现，怀疑与情境性异常是不信任的重要引致因素；矛盾态度对消费者的网站信任意向有微弱的正向影响；不信任对消费者行为意向的负向影响大于信任的正向影响。

综上所述，虽然矛盾态度已有50多年的研究历史，但是消费者矛盾态度研究却只有20余年的研究历史，在市场营销领域的研究仍然较少，涉及范围有限。矛盾态度有三大理论要点：第一，态度是二元的，而不是一元的；积极与消极态度可以同时存在，不一定此消彼长；第二，只有当积极与消极态度均达到一定强度时，矛盾态度才会产生；第三，矛盾态度包括三种类型：认知-认知矛盾、认知-情感矛盾和情感-情感矛盾。矛盾态度有三种测量方法——主观测量法、客观测量法和综合测量法。主、客观测量法各有优缺点，推荐使用综合测量法来测量消费者矛盾态度。依据不同的分类方法，学者们探索与归纳了消费者矛盾态度的引致因素。除了直接考察消费者矛盾态度的引致因素，也可以先分别探索积极与消极态度及其引致因素，当积极与消极态度在特定情境下均到达一定强度时，可能产生消费者矛盾态度。大量研究发现，消费者矛盾态度负向影响消费者行为意向。很少有研究探索消费者矛盾态度对消费者旅游决策的影响。具体到本书研究的消费者出国旅游决策，下列问题有待研究：第一，当消费者对特定国家持有强烈敌意，同时又对该国家/目的地持有强烈善意时，是否会产生对该国家/目的地的矛盾情感态度？第二，消费者矛盾情感态度对消费者赴目标国旅游意向的影响是怎样的？

第四节 本书的研究目标与研究框架

围绕本书的研究背景与研究问题,并借鉴国内外研究现状与发展动态,本书主要有以下两个研究目标。

第一,探索消费者敌意与消费者善意对消费者赴目标国旅游意向的共同影响。厘清消费者对特定国家的矛盾情感态度的形成机理,并探索这种矛盾情感态度对消费者赴目标国旅游意向的影响。以目标国-母国文化接近性作为调节变量,探索消费者敌意与善意对消费者赴目标国旅游意向影响的边界条件。

第二,厘清消费者对不同国家产生敌意的原因,以及对不同国家目的地产生善意的原因。厘清消费者对特定国家目的地的矛盾情感态度的形成机理。探索消费者对特定国家的敌意、对特定国家目的地的善意、对特定国家目的地的矛盾情感态度对消费者出国旅游决策的影响;以消费者调节聚焦(促进调节聚焦/预防调节聚焦)作为调节变量,探索上述影响的边界条件。

针对本书的研究目标,本书构建整体研究框架,如图2-1所示。

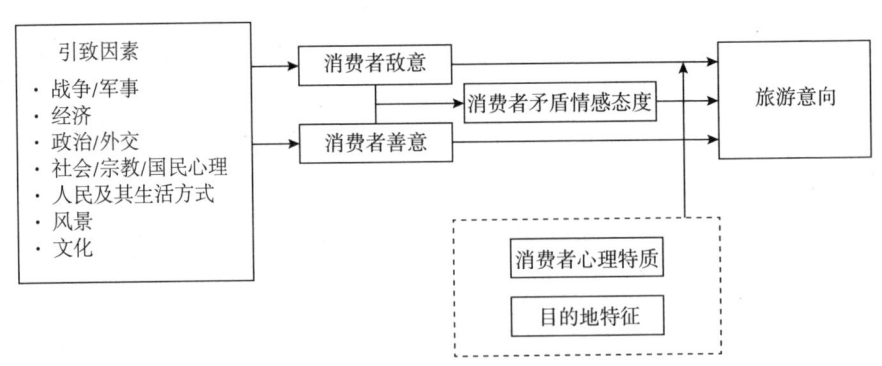

图2-1 本书的整体研究框架

根据本书的整体研究框架,本项目开展两项研究,分别在第三章与第四章阐述。

第三章 消费者敌意、善意和矛盾情感态度对消费者赴目标国旅游意向的影响：文化接近性的调节作用（研究一）

第一节 研究假设与研究模型

消费者善意指，消费者由于直接的个人经历/主观认知，对特定国家产生的喜欢、共鸣甚至依恋之情（Oberecker et al.，2018）。当消费者对某国持有长期善意之后，他/她们可能"爱屋及乌"地对该国作为旅游目的地形成积极情感。消费者善意表达的是消费者对特定国家目的地的积极情感态度（Asseraf，Shoham，2016；Oberecker et al.，2008；郭功星，周星，2016）。根据 ABC 态度模型（Solomon，2015），当消费者进行高介入决策时，情感影响行为意向。出国旅游决策是一种高介入决策（郭英之，等，2015）。基于此，本研究提出如下假设。

H1：消费者善意正向影响消费者赴目标国旅游意向。

消费者敌意指，消费者由于先前或者正在发生的军事、政治或经济事件等而对特定国家产生的反感甚至憎恶之情（Klein et al.，1998）。当消费者对某国持有长期敌意之后，他/她们可能由此对该国作为旅游目的地形成消极情感。消费者敌意表达的是消费者对特定国家目的地的消极情感态度（Klein et al.，1998；Riefler，Diamantopoulos，2007；郭功星，等，2014）。根据 ABC 态度模型（Solomon，2015），当消费者进行高介入决策时，情感影响行为意向。出国旅游决策是一种高介入决策（郭英之，等，2015）。基于此，本研究提出如下假设。

H2：消费者敌意负向影响消费者赴目标国旅游意向。

矛盾态度理论认为，消极态度与积极态度不是同一个构念的两极，而是两个不同的构念；消极态度与积极态度可以共存，不一定此消彼长（Conner, Armitage, 2011; Kaplan, 1972; Katz, Hass, 1988）。消费者敌意表达的是消费者对特定国家的消极情感态度（Klein et al., 1998; Riefler, Diamantopoulos, 2007；郭功星，等，2014）；消费者善意表达的是消费者对特定国家的积极情感态度（Asseraf, Shoham, 2016; Oberecker et al., 2008；郭功星，周星，2016）。基于矛盾态度理论，消费者敌意与消费者善意不是同一个构念的两极，而是两个相互独立的构念（Nes et al., 2014; Oberecker et al., 2008；郭功星，周星，2016）。矛盾态度理论认为，当消极态度与积极态度皆达一定强烈程度时，可能产生矛盾态度（Maio et al., 2009; Williams, Aaker, 2002；黄敏学，等，2010）。基于矛盾态度理论，当消费者对特定国家的敌意与善意均达到一定强烈程度时，可能产生对该国的矛盾情感态度。基于以上论述，本项目提出如下假设。

H3：消费者可以同时持有对特定国家的敌意与善意，当两者均达到一定强烈程度时，产生对该国的矛盾情感态度。

大量研究表明，矛盾态度影响行为意向（Conner, Flesh, 1998; Haenze, 2001; Thompson, Holmes, 1996）。学者们认为，矛盾态度促使个体更深入思考而不是轻率行动（Hänze, 2001; Jonas et al., 1997; Maio et al., 1996）。大量研究发现，矛盾态度负向影响行为意向，这是因为矛盾态度使决策变得困难（Greenspan, 1980），可能导致决策回避（Jin, Villegas, 2007）或拖延（Hänze, 2001），从而减弱行为意向（Costarelli, Colloca, 2004; Olsen et al., 2005; Russel et al., 2011）。基于以上论述，本项目提出如下假设。

H4：消费者对特定国家的矛盾情感态度负向影响消费者赴目标国旅游意向。

长期以来，由于众所周知的原因，大部分中国人对日本持有敌意；近年来，由于"剽窃中国文化事件""萨德事件"和韩国人骄狂自大的传闻等，越来越多的中国人对韩国产生敌意。然而，日韩两国却长期位列中国游客出国旅游目的地前三甲。日本与韩国的共同特点在于：一是两国与中国相邻；二是两国的文化与中国文化接近。地理位置接近性属于文化接近性的一个方面（刘力，等，2014）。有研究发现，文化接近性削弱战争敌意与经济敌意对购买意向的负向影响（Ma et al.，2012）。那么，文化接近性能否削弱消费者敌意对消费者赴目标国旅游意向的负向影响？能否增强消费者善意对消费者赴目标国旅游意向的正向影响？

社会同一性理论认为，个体愿意将自己归入某个群体（Turner et al.，1987），并自然地将他人分为内群体与外群体（Myers，2013）。个体容易产生内群体偏差，即认为"我们"优秀，而"他们"糟糕（Myers，2013）。第一，内群体偏差提供积极自我概念，内群体成员的成功所折射的光辉让我们感觉更好（Didonato et al.，2011）；第二，内群体偏差滋生偏袒，我们对内群体成员的错误行为更为谅解（Ma et al.，2012）；第三，内群体偏差容易导致对外群体的偏见，即喜欢"我们"，在"我们"身上看到美好；讨厌"他们"，在"他们"身上看到糟糕（Myers，2013）。

消费者倾向于将与母国文化接近性高的国家归入内群体；将文化接近性低的国家归入外群体（Ma et al.，2012）。根据社会同一性理论，当目标国－母国文化接近性高时，消费者对目标国的积极情感更突出；当目标国－母国文化接近性低时，消费者对目标国的消极情感更突出。因此，本研究推测：当文化接近性高时，消费者善意对消费者赴目标国旅游意向的正向影响增强，消费者敌意对消费者赴目标国旅游意向的负向影响减弱；反之亦然。文化接近性包括四个方面：人际文化接近性、家庭文化接近性、地理位置接近性和孝道文化接近性（Su et al.，2011；刘力，等，2014）。基于此，本研究提出如下假设。

H5：目标国－母国文化接近性对消费者善意与消费者赴目标国旅游意向之间的关系起正向调节作用。

H5a：人际文化接近性对消费者善意与消费者赴目标国旅游意向之间的关系起正向调节作用。

H5b：家庭文化接近性对消费者善意与消费者赴目标国旅游意向之间的关系起正向调节作用。

H5c：地理位置接近性对消费者善意与消费者赴目标国旅游意向之间的关系起正向调节作用。

H5d：孝道文化接近性对消费者善意与消费者赴目标国旅游意向之间的关系起正向调节作用。

H6：目标国-母国文化接近性对消费者敌意与消费者赴目标国旅游意向之间的关系起负向调节作用。

H6a：人际文化接近性对消费者敌意与消费者赴目标国旅游意向之间的关系起负向调节作用。

H6b：家庭文化接近性对消费者敌意与消费者赴目标国旅游意向之间的关系起负向调节作用。

H6c：地理位置接近性对消费者敌意与消费者赴目标国旅游意向之间的关系起负向调节作用。

H6d：孝道文化接近性对消费者敌意与消费者赴目标国旅游意向之间的关系起负向调节作用。

综上所述，本书构建研究模型，如图3-1所示。

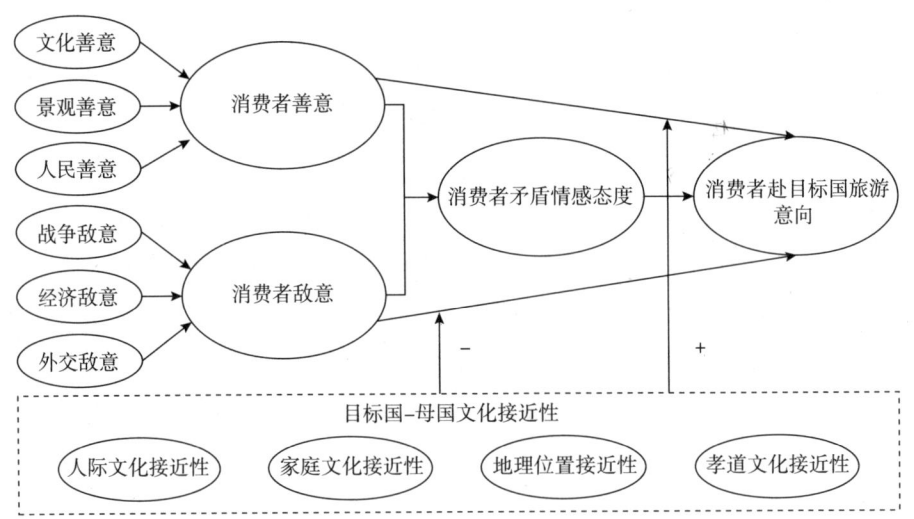

图3-1 研究一的研究模型

注：消费者善意与消费者敌意均为形成性构念。文化善意、景观善意和人民善意是消费者善意的引致因素；战争敌意、经济敌意和外交敌意是消费者敌意的引致因素。

第二节 研究方法

一、问卷设计

为了提高消费者对特定国家产生矛盾情感态度的可能性，根据前期文献研究、问卷调查和深度访谈的研究结果，以及前期积累的研究成果，本研究选择日本作为研究对象，面向中国消费者收集数据。问卷包括八个部分：消费者善意、消费者敌意、人际文化接近性、家庭文化接近性、地理位置接近性、孝道文化接近性、消费者赴目标国旅游意向和个人信息。除了个人信息之外，其他问项均使用7点李克特量表，1表示"完全不同意"；7表示"完全同意"。问卷中的问项主要来源于现有文献，并根据实际情况进行了修订，如表3-1所示。

表3-1 构念、问项及其来源

二阶构念	一阶构念	问项	内容	来源
消费者善意	文化善意	CA1	我喜欢日本文化	Asseraf 和 Shoham（2016）；Bernard 和 Zarrouk-Karoui（2014）；Nes et al.（2014）
		CA2	我对于日本历史十分热衷	
		CA3	我觉得日本文化非常有趣	
		CA4	我觉得日本历史非常有趣	
		CA5	日本在传统文化的保护与传承方面做得非常好，我很喜欢	
	景观善意	LA1	我喜欢日本的美景	
		LA2	我不喜欢日本的景观（判别性的反向问项）	
		LA3	日本有很多壮丽的景观，我很喜欢	
		LA4	日本非常干净，我很喜欢	
	人民善意	PA1	我喜欢日本人	
		PA2	我欣赏日本人的生活方式	
		PA3	日本人热情好客，我很喜欢	
		PA4	日本人乐于助人，我很喜欢	
		PA5	日本人素质很高，我很欣赏	

续表

二阶构念	一阶构念	问项	内 容	来 源
消费者敌意	战争敌意	WA1	因为"二战",我仍然对日本感到愤怒	Harmeling et al. (2015); Klein (2002); Lee 和 Lee (2013)
		WA2	我对日本不正视历史感到愤怒	
		WA3	因为南京大屠杀,我永远不会原谅日本	
	经济敌意	EA1	在中日贸易往来中,日本正在利用中国,我对此感到愤怒	
		EA2	因为日本与中国进行贸易往来的方式,我对日本感到愤怒	
		EA3	日本不公平地与中国进行贸易往来,我对此感到愤怒	
		EA4	日本在中国拥有过大的经济影响力,我对此感到担心	
		EA5	日本想在经济上支配中国,我对此感到担心	
		EA6	我觉得日本不是一个可靠的贸易伙伴	
	外交敌意	DA1	我觉得日本对于中国的国家安全是一个威胁	
		DA2	我觉得日本应该为中日关系的不稳定负责	
		DA3	日本的教科书把钓鱼岛标为己有,我对此感到愤怒	
		DA4	日本声称钓鱼岛属于日本,我对此感到愤怒	
人际文化接近性		ICP1	日本人对个人和社会的看法与中国人相似	Su et al. (2011); 刘力等 (2014)
		ICP2	日本人对团体内和谐的看法与中国人相似	
		ICP3	日本人对待团体成员的态度与中国人相似	
		ICP4	日本人对人际关系的看法与中国人相似	
家庭文化接近性		FCP1	日本的饮食文化与中国相似	
		FCP2	日本的家长里短与中国相似	
		FCP3	日本人的文化传统与中国人相似	
		FCP4	日本人的家庭价值观与中国人相似	
		FCP5	日本人的衣着服饰与中国人相似	
地理位置接近性		GLP1	便利的交通使得到日本旅游很容易	
		GLP2	位置的邻近使得到日本旅游很容易	
		GLP3	日本与中国相距不远	
孝道文化接近性		FPCP1	日本人与中国人一样尊重老人	
		FPCP2	日本人与中国人一样孝敬长辈	
		FPCP3	在孝道文化上,中日差异很大(判别性的反向问项)	

续表

二阶构念	一阶构念	问项	内 容	来 源
消费者赴目标国旅游意向		TI1	我预测未来我会去日本旅游	Lu et al. (2016)
		TI2	未来我可能会去日本旅游	
		TI3	我计划未来去日本旅游	
		TI4	无论何时，我都不会去日本旅游（判别性的反向问项）	

二、数据收集

本研究通过问道网设计与发布问卷，通过微信发送给喜欢旅游的亲朋好友，请他/她们帮忙把问卷发送给在之前旅游过程中结识的人群。为了确保调查对象为计划出境旅游的消费者，本研究在问卷开头设置了一句话："如果您计划未来出国旅游，请填写本问卷；如果没有计划，请不要填写，以免对研究结果造成干扰。"问卷调查在 2017 年 6 月进行，收回问卷 336 份，通过判别性的反向问项（见表 3-1）排除那些明显自相矛盾的样本（黄敏学，等，2015），得到有效问卷 291 份，样本特征如表 3-2 所示。

表 3-2 有效问卷的样本特征

项 目	分 类	人 数	百分比
是否去过日本	是	34	11.7%
	否	257	88.3%
性别	男性	106	36.4%
	女性	185	63.6%
年龄（岁）	18 以下	5	1.7%
	18~28	260	89.4%
	29~40	14	4.8%
	41 以上	12	4.1%
教育程度	高中及以下	11	3.8%
	大学专科	75	25.8%
	大学本科	191	65.6%
	硕士及以上	14	4.8%

续表

项 目	分 类	人 数	百分比
收入（元）	2000 以下	132	45.3%
	2000 ~ 4999	93	32%
	5000 ~ 9999	45	15.5%
	1 万以上	21	7.2%
平均每年用于旅游的支出（元）	2000 以下	117	40.2%
	2000 ~ 4999	74	25.4%
	5000 ~ 9999	52	17.9%
	1 万 ~ 2 万	34	11.7%
	2 万以上	14	4.8%

三、统计分析方法

如图 3-1 所示，研究一构建的研究模型较复杂，共含 14 个构念，其中消费者善意（含三个一阶构念）与消费者敌意（含三个一阶构念）为二阶形成性构念。偏最小二乘结构方程模型（PLS-SEM）在处理复杂的结构模型时独具优势（Hair et al.，2014）。此外，本研究使用渐进阈值模型计算产生的消费者矛盾情感态度构念只有一个问项，PLS-SEM 对构念的问项数没有要求（Hair et al.，2014）。因此，本研究主要使用 SmartPLS v.3.2.6 软件进行数据分析。在如图 3-1 所示的结构模型中，消费者赴目标国旅游意向被五个箭头所指到（包括下文的调节效应检验），为所有构念中最多。根据文献的建议（Hair et al.，2014），在 $\alpha = 0.05$ 的显著性水平下，要检验出最小 0.10 的 R^2 值，最小样本量为 147 个。本研究的有效样本量为 291 个，满足要求。

第三节 数据分析

一、反映性测量模型评估

消费者赴目标国旅游意向为反映性构念，根据文献建议的方法（Hair et al.，2014），本研究进行反映性测量模型评估。

1. 信度检验

根据文献的建议（Hair et al., 2014），问项的因子载荷应大于 0.7 的限制性水平。所有问项的因子载荷均大于 0.7 的限制性水平。且消费者赴目标国旅游意向构念的 Cronbach's α 与 CR 均大于 0.7 的限制性水平（Hair et al., 2014），这表明量表有良好的信度，如表 3-3 所示。

表 3-3　信度检验与收敛效度检验结果

构念	问项	平均值（标准差）	因子载荷	Cronbach's α	CR	AVE
消费者赴目标国旅游意向	TI1	4.512（1.523）	0.953	0.954	0.967	0.879
	TI2	4.557（1.531）	0.933			
	TI3	4.481（1.529）	0.957			
	TI4	4.591（1.474）	0.905			

2. 效度检验

（1）收敛效度。如表 3-3 所示，消费者赴目标国旅游意向的 AVE 大于 0.5 的限制性水平（Hair et al., 2014），这表明量表有良好的收敛效度。

（2）区别效度。消费者赴目标国旅游意向的 AVE 的平方根值（0.937）大于它与消费者善意及敌意的相关系数（分别为：0.768、-0.506）（Hair et al., 2014），这表明量表有良好的区别效度。

二、形成性测量模型评估

消费者善意与敌意为形成性构念，根据文献建议的方法（Hair et al., 2014），本研究进行形成性测量模型评估。

1. 多重共线性检验

根据文献的建议（Hair et al., 2014），使用 VIF 来评估形成性测量模型的多重共线性问题，如表 3-4 所示。

表 3-4　多重共线性检验结果

文化善意		景观善意		人民善意		战争敌意		经济敌意		外交敌意	
问项	VIF	问项	VIF	问项	VIF	问项	VIF	问项	VIF	问项	VIF
CA1	3.110	LA1	2.913	PA1	2.412	WA1	2.439	EA1	3.089	DA1	1.337
CA2	2.926	LA2	1.916	PA2	1.949	WA2	1.627	EA2	2.290	DA2	1.666

续表

文化善意		景观善意		人民善意		战争敌意		经济敌意		外交敌意	
问项	VIF	问项	VIF	问项	VIF	问项	VIF	问项	VIF	问项	VIF
CA3	3.223	LA3	2.019	PA3	4.604	WA3	2.450	EA3	2.808	DA3	4.381
CA4	2.966	LA4	1.862	PA4	4.184			EA4	2.235	DA4	4.205
CA5	1.838			PA5	2.311			EA5	2.119		
								EA6	1.486		

所有问项的 VIF 均小于 5 的限制性水平（Hair et al.，2014），这表明变量间的多重共线性问题不严重。

2. 外部权重的显著性检验

根据文献的建议（Hair et al.，2014），使用外部权重来决定是否保留形成性构念的问项，采用 Bootstrapping 抽样 5000 次，结果如表 3 - 5 所示。

表 3 - 5 外部权重的显著性检验结果

构念	形成性指标	外部权重	外部权重的 p 值	外部权重的显著性	外部载荷	外部载荷的 p 值	外部载荷的显著性
消费者善意	CA1	0.254	0.000	显著	0.920	0.000	显著
	CA2	-0.042	0.323	不显著	0.687	0.000	显著
	CA3	0.192	0.000	显著	0.881	0.000	显著
	CA4	0.007	0.657	不显著	0.710	0.000	显著
	CA5	0.176	0.000	显著	0.822	0.000	显著
	LA1	0.256	0.000	显著	0.932	0.000	显著
	LA2	0.080	0.030	显著	0.753	0.000	显著
	LA3	0.085	0.003	显著	0.813	0.000	显著
	LA4	0.075	0.001	显著	0.806	0.000	显著
	PA1	0.268	0.004	显著	0.799	0.000	显著
	PA2	0.319	0.000	显著	0.813	0.000	显著
	PA3	-0.055	0.652	不显著	0.782	0.000	显著
	PA4	0.421	0.000	显著	0.873	0.000	显著
	PA5	0.226	0.047	显著	0.824	0.000	显著

续表

构念	形成性指标	外部权重	外部权重的 p 值	外部权重的显著性	外部载荷	外部载荷的 p 值	外部载荷的显著性
消费者敌意	WA1	0.614	0.000	显著	0.916	0.000	显著
	WA2	-0.217	0.152	不显著	0.471	0.000	显著
	WA3	0.572	0.000	显著	0.904	0.000	显著
	EA1	0.252	0.000	显著	0.874	0.000	显著
	EA2	0.212	0.000	显著	0.814	0.000	显著
	EA3	0.225	0.000	显著	0.855	0.000	显著
	EA4	0.190	0.000	显著	0.771	0.000	显著
	EA5	0.155	0.000	显著	0.735	0.000	显著
	EA6	0.218	0.000	显著	0.699	0.000	显著
	DA1	0.205	0.102	不显著	0.639	0.000	显著
	DA2	0.717	0.000	显著	0.944	0.000	显著
	DA3	0.175	0.319	不显著	0.675	0.000	显著
	DA4	0.062	0.644	不显著	0.640	0.000	显著

注：Bootstrapping 抽样 5000 次，检验类型为双尾检验，显著性水平 $\alpha = 0.05$。

如表 3-5 所示，CA2、CA4、PA3、WA2、DA1、DA3、DA4——上述形成性指标的外部权重在 $\alpha = 0.05$ 的显著性水平下不显著。根据文献的建议（Hair et al., 2014），如果这些形成性指标的外部载荷大于等于 0.5，则保留；如果外部载荷小于 0.5 但显著，则视情况而定。虽然 WA2 的外部载荷小于 0.5（0.471），但接近 0.5 且显著，且该问项来源于现有文献，故本研究保留该问项。

三、消费者矛盾情感态度的计算

根据文献的建议（Priester, Petty, 1996），本研究使用客观测量法，运用渐进阈值模型计算产生消费者情感矛盾态度构念，计算如式（3-1）所示，p 取值 0.7。

$$A = 5C^p - D^{1/c} \tag{3-1}$$

式中：A 表示矛盾态度；D 表示主导型态度，即积极与消极态度中得分较高者；C 表示冲突性态度，即积极与消极态度中得分较低者；p 为小于 1 的常数。

本研究计算消费者善意的所有问项的平均值 Mean（Affinity）；消费者敌意的所有问项的平均值 Mean（Animosity）。运用 SPSS 18.0 进行配对样本 t 检验，发现：Mean（Affinity）= 4.094，Mean（Animosity）= 4.866，两者均大于 4 的中间值。这表明消费者善意与敌意均达到了一定强度，根据矛盾态度理论，产生消费者矛盾情感态度（Maio et al.，2009；Williams，Aaker，2002；黄敏学，等，2010）。因此，H3 得到支持。Mean（Animosity）> Mean（Affinity），这表明：消费者敌意为主导型态度；消费者善意为冲突型态度。根据文献的建议（Russell et al.，2011），本研究根据式（3-1），运用 SPSS 18.0 计算变量得到消费者矛盾情感态度构念（平均值为 11.73，标准差为 2.81）。

四、路径系数的显著性检验

根据文献的建议（Hair et al.，2014），本研究采用 Bootstrapping 抽样 5000 次，得到内模型的路径分析与假设检验结果，如表 3-6 所示。

表 3-6 路径系数的显著性检验结果

假设	结构模型路径	路径系数	t 值	p 值	检验结果
H1	消费者善意→消费者赴目标国旅游意向	0.869	12.189	0.000	显著
H2	消费者敌意→消费者赴目标国旅游意向	-0.134	2.554	0.011	显著
H4	消费者矛盾情感态度→消费者赴目标国旅游意向	-0.184	2.016	0.044	显著

注：Bootstrapping 抽样 5000 次，检验类型为双尾检验，显著性水平 $\alpha = 0.05$。

如表 3-6 所示，消费者善意显著地正向影响消费者赴目标国旅游意向，H1 得到支持；消费者敌意显著地负向影响消费者赴目标国旅游意向，H2 得到支持；消费者矛盾情感态度显著地负向影响消费者赴目标国旅游意向，H4 得到支持。

五、调节效应检验

1. 人际文化接近性的调节效应检验

由于消费者善意与敌意均为形成性构念，本研究使用两阶段计算方法检验调节效应（Hair et al.，2014）。根据文献推荐的方法（Hair et al.，2014），本研究运用 SmartPLS v.3.2.6 软件，使用以均值为中心产生乘积项的方法，生成以消费者善意为自变量，以消费者赴目标国旅游意向为因变量，以人际文化接近性为调节变量的调节效应构念1；同时生成以消费者敌意为自变量，以消费者赴目标国旅游意向为因变量，以人际文化接近性为调节变量的调节效应构念2。

人际文化接近性为反映性构念。本研究首先进行反映性测量模型评估，发现：信度、收敛效度和区别效度均良好。

于是，根据文献的建议（Hair et al.，2014），本研究采用Bootstrapping抽样5000次，得到路径分析与假设检验结果，如表3-7所示。

表3-7 人际文化接近性的调节效应检验结果

结构模型路径	路径系数	t值	p值	检验结果
调节效应变量1→消费者赴目标国旅游意向	-0.041	1.522	0.129	不显著
调节效应变量2→消费者赴目标国旅游意向	-0.067	1.719	0.086	显著
人际文化接近性→消费者赴目标国旅游意向	-0.024	0.703	0.483	不显著
消费者善意→消费者赴目标国旅游意向	0.719	17.361	0.000	显著
消费者敌意→消费者赴目标国旅游意向	-0.121	2.574	0.010	显著

注：Bootstrapping抽样5000次，检验类型为双尾检验，显著性水平 $\alpha = 0.1$。

如表3-7所示，在 $\alpha = 0.1$ 的显著性水平下，人际文化接近性对消费者善意与消费者赴目标国旅游意向之间关系的正向调节效应不显著，H5a没有得到支持；人际文化接近性对消费者敌意与消费者赴目标国旅游意向之间关系的负向调节效应显著，H6a得到支持；人际文化接近性对消费者赴目标国旅游意向的直接影响不显著。

2. 家庭文化接近性的调节效应检验

与前述方法相同，本研究生成以消费者善意为自变量，以消费者赴目标国旅游意向为因变量，以家庭文化接近性为调节变量的调节效应构念3；同时生成以消费者敌意为自变量，以消费者赴目标国旅游意向为因变量，以家庭文化接近性为调节变量的调节效应构念4。使用同样的检验方法，得到检验结果，如表3-8所示。

表3-8 家庭文化接近性的调节效应检验结果

结构模型路径	路径系数	t 值	p 值	检验结果
调节效应变量3→消费者赴目标国旅游意向	-0.036	1.215	0.225	不显著
调节效应变量4→消费者赴目标国旅游意向	-0.064	1.683	0.093	显著
家庭文化接近性→消费者赴目标国旅游意向	-0.009	0.440	0.660	不显著
消费者善意→消费者赴目标国旅游意向	0.705	17.598	0.000	显著
消费者敌意→消费者赴目标国旅游意向	-0.131	2.779	0.006	显著

注：Bootstrapping 抽样5000次，检验类型为双尾检验，显著性水平 $\alpha=0.1$。

如表3-8所示，在 $\alpha=0.1$ 的显著性水平下，家庭文化接近性对消费者善意与消费者赴目标国旅游意向之间关系的正向调节效应不显著，H5b没有得到支持；家庭文化接近性对消费者敌意与消费者赴目标国旅游意向之间关系的负向调节效应显著，H6b得到支持；家庭文化接近性对消费者赴目标国旅游意向的直接影响不显著。

3. 地理位置接近性的调节效应检验

与前述方法相同，本研究生成以消费者善意为自变量，以消费者赴目标国旅游意向为因变量，以地理位置接近性为调节变量的调节效应构念5；同时生成以消费者敌意为自变量，以消费者赴目标国旅游意向为因变量，以地理位置接近性为调节变量的调节效应构念6。使用同样的检验方法，得到检验结果，如表3-9所示。

表3-9 地理位置接近性的调节效应检验结果

结构模型路径	路径系数	t 值	p 值	检验结果
调节效应变量5→消费者赴目标国旅游意向	-0.019	0.514	0.608	不显著
调节效应变量6→消费者赴目标国旅游意向	-0.039	0.836	0.404	不显著
地理位置接近性→消费者赴目标国旅游意向	0.118	2.472	0.014	显著
消费者善意→消费者赴目标国旅游意向	0.665	13.384	0.000	显著
消费者敌意→消费者赴目标国旅游意向	-0.104	2.183	0.029	显著

注：Bootstrapping 抽样5000次，检验类型为双尾检验，显著性水平 $\alpha=0.1$。

如表3-9所示，在 $\alpha=0.1$ 的显著性水平下，地理位置接近性对消费者善意与消费者赴目标国旅游意向之间关系的正向调节效应不显著，H5c 没有得到支持；地理位置接近性对消费者敌意与消费者赴目标国旅游意向之间关系的负向调节效应不显著，H6c 没有得到支持；地理位置接近性对消费者赴目标国旅游意向的直接影响显著。

4. 孝道文化接近性的调节效应检验

与前述方法相同，本研究生成以消费者善意为自变量，以消费者赴目标国旅游意向为因变量，以孝道文化接近性为调节变量的调节效应构念7；同时生成以消费者敌意为自变量，以消费者赴目标国旅游意向为因变量，以孝道文化接近性为调节变量的调节效应构念8。使用同样的检验方法，得到检验结果，如表3-10所示。

表3-10 孝道文化接近性的调节效应检验结果

结构模型路径	路径系数	t 值	p 值	检验结果
调节效应变量7→消费者赴目标国旅游意向	-0.012	0.233	0.816	不显著
调节效应变量8→消费者赴目标国旅游意向	-0.030	0.549	0.584	不显著
孝道文化接近性→消费者赴目标国旅游意向	0.152	3.551	0.000	显著
消费者善意→消费者赴目标国旅游意向	0.634	12.226	0.000	显著
消费者敌意→消费者赴目标国旅游意向	-0.101	1.997	0.046	显著

注：Bootstrapping 抽样5000次，检验类型为双尾检验，显著性水平 $\alpha = 0.1$。

如表3-10所示，在 $\alpha = 0.1$ 的显著性水平下，孝道文化接近性对消费者善意与消费者赴目标国旅游意向之间关系的正向调节效应不显著，H5d 没有得到支持；孝道文化接近性对消费者敌意与消费者赴目标国旅游意向之间关系的负向调节效应不显著，H6d 没有得到支持；孝道文化接近性对消费者赴目标国旅游意向的直接影响显著。

六、总效应检验

由于地理位置接近性与孝道文化接近性直接影响消费者赴目标国旅游意向（见表3-9与表3-10），本研究检验消费者善意、消费者敌意、消费者矛盾情感态度、地理位置接近性和孝道文化接近性对消费者赴目标国旅游意向的总效应，如表3-11所示。

表 3-11 总效应检验结果

结构模型路径	总效应	t 值	p 值	总效应显著性
消费者善意→消费者赴目标国旅游意向	0.832	11.137	0.000	显著
消费者敌意→消费者赴目标国旅游意向	-0.126	2.382	0.017	显著
消费者矛盾情感态度→消费者赴目标国旅游意向	-0.260	2.975	0.003	显著
地理位置接近性→消费者赴目标国旅游意向	0.140	2.838	0.005	显著
孝道文化接近性→消费者赴目标国旅游意向	0.080	1.430	0.153	不显著

注：Bootstrapping 抽样 5000 次，检验类型为双尾检验，显著性水平 $\alpha=0.05$；总效用 = 直接效应 + 间接效应。

如表 3-11 所示，消费者善意、消费者敌意、消费者矛盾情感态度和地理位置接近性对消费者赴目标国旅游意向的总效应是显著的，四者的大小依次为：消费者善意（0.832）>消费者矛盾情感态度（-0.260）>地理位置接近性（0.140）>消费者敌意（-0.126）。地理位置接近性对消费者赴目标国旅游意向的直接总效应是显著的；而孝道文化接近性对消费者赴目标国旅游意向的总效应不显著。

七、解释力检验

根据文献的建议（Hair et al., 2014），当研究市场营销问题时，R^2 值为 0.75、0.50 和 0.25，分别表示强、中等和弱的解释力。在本研究构建的结构模型中，消费者赴目标国旅游意向的 R^2 值为 0.642，消费者善意的 R^2 值为 0.991，消费者敌意的 R^2 值为 0.989，这表明模型的解释力很好。

第四节 研究结论与讨论

一、研究结论

基于数据分析的结果，本研究得出如下三条研究结论。

第一，消费者善意显著地正向影响消费者赴目标国旅游意向；消费者敌意显著地负向影响消费者赴目标国旅游意向；消费者矛盾情感态度显著地负向影响消费者赴目标国旅游意向。消费者善意对消费者赴目标国旅游意向的总效应（0.832）远大于消费者敌意（-0.126）与消费者矛盾情感态度（-0.260）的。该研究结果为现实中的矛盾现象提供了良好的理论解释（消费者对特定国家的消极情感阻止不了他/她们赴该国旅游的热情）。

第二，当消费者善意与敌意皆达一定强度时（两者的平均值分别为4.094、4.866，均大于4的中间值），产生消费者矛盾情感态度，消费者矛盾情感态度显著地负向影响消费者赴目标国旅游意向。这表明，当消费者对特定国家产生矛盾情感态度时，会深入思考自己的行为可能带来的不良后果。例如，赴目标国旅游可能会有损自己的社会形象，使自己承受巨大的社会压力等，这使得出国旅游决策变得复杂与困难，导致消费者对出国旅游决策的拖延、延期甚至回避，减弱了消费者赴目标国旅游的意向。

第三，人际与家庭文化接近性减弱消费者敌意对消费者赴目标国旅游意向的负向影响。这表明，消费者会将家庭与人际文化接近国归入"内群体"，消极情感的影响减弱。地理位置接近性直接影响消费者赴目标国旅游意向，对消费者赴目标国旅游意向的总效应是显著的。地理位置接近性增强了消费者赴邻近国旅游的控制感（"我可以轻而易举地去旅游"），基于计划行为理论（Ajzen，1985），这提高了消费者赴邻近国旅游的意向。根据中国旅游研究院发布的《中国出境旅游发展年度报告2017》，2016年最受中国消费者欢迎的国家目的地的前几名分别为：泰国、韩国、日本和越南，全部为与中国地理位置接近的国家。上述研究结论为现实中的现象提供了良好的理论解释。

对于没有得到支持的假设，本研究提供如下解释。首先，孝道文化接近性不能减弱消费者敌意对消费者赴目标国旅游意向的负向影响，这可能是因为消费者认为"尊重老人"与"孝敬长辈"在全世界都是一样的，不能作为区分"内群体"与"外群体"的文化依据。其次，文化接近性不能增强消费者善意对消费者赴目标国旅游意向的正向影响。原因可能在于：猎奇是消费者进行旅游活动的重要动机之一（周厚强，等，2017）。当消费者在长期对某国形成稳定性善意之后，文化接近性难以进一步增强消费者善意对消费者赴目标国旅游意向的正向影响；此时，神秘、未知和与众不同的异域文化对消费者而言或许才是更具吸引力的。

二、理论贡献

第一，研究结果表明：从长期来看，消费者对特定国家的稳定性善意与敌意可以共存，两者不是同一个构念的两级，而是两个不同的构念，两者共同影响消费者赴目标国旅游意向。当消费者对特定国家的善意与敌意皆达一定强度时，会产生对该国的矛盾情感态度，矛盾情感态度减弱消费者赴目标国旅游意向。上述研究结论进一步厘清了消费者善意、敌意和矛盾情感态度对消费者赴目标国旅游意向的影响机制，在国家层面上证实了矛盾态度理论的主要观点，进一步明晰了消费者对特定国家的矛盾情感态度的形成机理，进一步扩展了矛盾态度理论在国际旅游营销领域的应用。

第二，研究结果表明：人际与家庭文化接近性能够减弱消费者敌意对消费者赴目标国旅游意向的负向影响，但不能增强消费者善意对消费者赴目标国旅游意向的正向影响。因此，让国际消费者把本国归入人际与家庭文化内群体十分重要，这能够减弱长期以来两国由于战争冲突、经济摩擦和外交纠纷等使消费者形成的稳定性敌意的消极效应；同时，由于消费者的"文化猎奇"旅游动机，文化接近性难以进一步增强长期以来由于目标国的迷人的文化、优美的景观和友善的人民使消费者形成的稳定性善意的积极效应。上述研究结论进一步明晰了消费者善意与敌意对消费者赴目标国旅游意向影响关系的边界条件，在国家目的地层面上证实与更新了社会同一性理论的核心观点，进一步扩展了社会同一性理论在国际旅游营销领域的应用。

第三，本研究使用形成性测量模型而不是通常的反映性测量模型来研究消费者善意与敌意这两个形成性构念，消费者善意与敌意的 R^2 值高达 0.991 与 0.989，模型的解释力优于过往的研究。研究结果表明：使消费者对特定国家形成长期稳定性善意的主要原因是该国迷人的文化、优美的景观和友善的人民；使消费者对特定国家形成长期稳定性敌意的主要原因是两国之间的战争冲突、经济摩擦和外交纠纷。上述研究结论进一步厘清了消费者善意与敌意的形成原因。此外，本研究使用矛盾态度的客观测量法，运用渐进阈值模型计算得到消费者矛盾情感态度构念，在国家层面上证实了渐进阈值模型的可行性，进一步扩展了矛盾态度的客观测量法在国际旅游营销领域的应用。

三、管理决策启示

根据本研究的结论，建议中国政府、旅游管理机构和旅行社开展如下工作，打造更强势的中国目的地品牌，从而进一步吸引国际消费者来华旅游。

1. 不断传播中国迷人的文化、优美的景观和友善的人民及其理想的生活方式，使国际消费者对中国形成长期稳定性善意

（1）不断传播中国迷人的文化。第一，著名景区可实施"文化旅游"战略。例如，作为首届中国国际旅游文化节的举办地，湖南省张家界大力推出大型音乐歌舞剧《天门狐仙·新刘海砍樵》、大型立体山水实景演出《武陵魂·梯玛神歌》等多部艺术品质极高的演出活动，充分向国际游客展示了张家界绚丽多姿的文化魅力。第二，国家出资，打造孔子学院"中国文化传播大使"的品牌。吸引外国学生来中国参加夏令营，让他/她们从小学习中文，接受中国文化熏陶。展现融合佛道儒三大思想的中国价值观的独特魅力。创办与拍摄精品文化课程。联合遍布全球134个国家的500多所孔子学院，定期开展中华文化巡讲、巡演和展览活动，使各国人民深度了解与充分感受中国文化。第三，集聚中国精英力量拍摄中国文化宣传片与影视作品。拍摄精品中国文化系列宣传片，在纽约时代广场、巴黎凯旋门、美国CNN和英国BBC等最具国际影响力的媒体上循环播放。HBO神剧《权力的游戏》第六季的拍摄带动北爱尔兰旅游热潮，使当地经济增加了一亿一千万英镑收入。《魔戒》三部曲成就了新西兰"魔戒之国"的目的地品牌，给新西兰带来超过11.5亿美元的收入。中国古有《山海经》，现有《诛仙》，两部宏伟著作均蕴含丰富多彩的中国文化故事。可在国家的支持下，汇聚全球顶尖影视资源，打造不亚于《权利的游戏》与《魔戒》的中国奇幻神剧，吸引全球影迷来华进行影视旅游。

（2）不断传播中国优美的景观。第一，充分利用社交媒体的力量。例如，国家旅游局可向全世界旅游者征集他/她们在中国拍摄的最美图片，并用这些最美图片绘制中国旅游地图，通过在社交媒体上与国际游客的深度互动制造中国旅游热。第二，可与全球最大的私人旅行指南出版商"孤独星球"（Lonely Planet）合作，提高中国在极具国际影响力的孤独星球"最佳旅行地"（BestinTravel）排行榜上的排名。中国政府每年资助孤独星球出版"中国"国家旅游指南以及中国各地旅游指南，以"旅游圣经"的专业与权威的力量吸引国

际游客来华旅游，领略中国的美景。第三，国家鼎力资助拍摄多语种中国名胜古迹纪录片，并在全球最有影响的电视台（如美国 CNN、英国 BBC、法国 Canal + 和日本 NHK 等）上播放，同时调动各方资源使其在全球点击量最大的在线视频平台（如 Google 旗下的 YouTube、优酷国际版和日本视频网站 Dwango）上长期位列热播排行榜前茅。

（3）不断传播中国友善的人民及其理想的生活方式。第一，聚集中央政府力量在全国范围内兴起打造中国"国家品牌"运动；同时，聚集地方政府力量在各城市兴起打造"城市品牌"运动。当所有中国人真正参与国家品牌与城市品牌建设的过程中，他/她们自然会以主人翁的热情友好态度对待外国游客、学生和商人等。第二，积极申办大型体育赛事。北京奥运会对中国国家形象进行了一次空前的大展示，充分展示了中国人热情友好的待客之道，充分展示了中国人勤奋努力、自强不息和积极上进的生活方式。中国政府应该抓住经济高速发展的历史机遇，更多地承办世界杯、奥运会、F1、世界电子竞技大赛（WCG）和终极格斗冠军赛（UFC）等最具国际影响力的国际体育赛事，让世界人民更深入地了解中国近年来取得的辉煌成就，更频繁地与优秀的中国人民深度互动。第三，通过移动互联网，以幽默的方式传播令老外着迷的"中国式生活"。例如，最近由 20 国外国青年评选出的中国"新四大发明"（高铁、支付宝、共享单车和网购）火遍互联网，充分体现了中国科技进步使中国人民的生活越来越舒适、便利和令人向往。

2. 突出目标国－母国文化接近性，减弱消费者敌意对消费者赴目标国旅游意向的负向影响

根据皮尤研究中心发布的一份报告，对中国敌意最强的五大国家是日本（95%的日本人对中国怀有消极情感，以下类同）、美国（73%）、土耳其（73%）、德国（72%）和意大利（72%）。全球 GDP 排名最靠前的国家（美国、日本、德国）的大部分消费者均对中国怀有消极情感，这对中国进一步吸引国际游客来华旅游十分不利。由于长期稳定性敌意已经形成，短期内很难改变。根据本书的研究结论，在向这些国家的消费者进行营销传播时，应突出我国与消费者母国在文化上的接近性。让这些国家的消费者更倾向于把中国归入"文化内群体"，从而减弱消费者敌意对消费者赴目标国旅游意向的负向影响。

（1）在向日本消费者进行营销传播时可以突出以下几点。第一，中国与

日本有两千多年的历史渊源,中日文化交流极其丰富多彩,日本继承与发扬了中国古代文化,特别是唐朝文化,消化吸收并与本土文化相融合形成独有的日本文化;第二,在饮食文化上,中日两国的主食都以大米为主,同时,中日两国人民也都爱吃面条与饺子;第三,在文化艺术上,中日都将书法当作传统文化的瑰宝,中国最著名的书法家有王羲之、颜真卿和柳公权等,而日本也有空海、嵯峨天皇和橘逸势"三大书法家";第四,中日两国人民都喜欢喝茶,均把茶道当作一门艺术。

(2) 在向美国消费者进行营销传播时,可以强调以下几点。第一,中美文化都强调守时,美国文化要求人们在生活、工作和学校等任何地方均守时,而中国人也认为守时是一种美德。第二,中美文化均强调在达成共识的基础上做出决策,在美国文化中,特别是在商务场合,只有在团队中的每位成员都达成共识时,决策才会被采纳;而中国文化特别强调和谐,决策的制定要避免对抗、误解和冲突。第三,中美文化均具有多元性,中国拥有上下五千年的文明史,经历过很多朝代与时期,逐步发展演变为多元性的中国文化。而美国虽然建国才两百多年,但美国是个移民国家,自然形成一种多元性的美国文化,且中美文化对外来文化均十分包容。

(3) 在向德国消费者进行营销传播时,可重点强调以下几点。第一,中德两国文化的阳刚气质指数均较高,即男性被认为应该是果断的、坚韧的和重视物质成就的,而女性被认为应该是谦虚的、温柔的和重视生活质量的。第二,中德文化均强调守时,德国人以"守时守点一分不差"著称于世,德国地铁甚至精确到秒,而中国文化也认为守时是一种宝贵的品德。第三,中德文化都以勤劳为美德,辛勤劳动已深入中国文化骨髓,正是中国人民的辛勤劳动推动着中国经济的飞速发展,中国学生的勤奋更是举世闻名;而德国文化也非常注重勤劳整洁,德国人民被认为是欧洲最勤劳的族群,德国文化的勤劳、严谨和认真造就了享誉世界的"德国制造"。

(4) 鼓励外国游客来华旅游后在互联网上传播对中国的正面口碑,降低国际消费者对中国的矛盾情感态度。

较高的矛盾态度导致认知失调,为了降低认知失调所带来的不舒服感,消费者会选择相关信息来减少认知失调(黄敏学,2010)。在数字时代下,在线口碑是消费者决策的重要参考信息,中国旅游管理者可利用在线口碑的力量来降低国际消费者对中国的矛盾情感态度。

习近平指出，一些人对中国有偏见，主要是源于陌生、隔阂和不了解。很多外国游客在来华旅游之后彻底颠覆了对中国的看法，不再相信部分外国媒体对中国的错误报道，从不了解中国到爱上中国。中国旅游管理者可通过赠送中国特色小礼品、给予再次来华旅游优惠和提供免费参加中外文化交流活动等方式鼓励外国游客来华旅游后在互联网上传播对中国的正面口碑。学者们发现，高矛盾的消费者更容易受正面在线口碑的影响（黄敏学，等，2010），其情感态度容易被改变（冯小亮，等，2013），正面在线口碑能够降低消费者的矛盾情感态度，尤其是那些包含具体细节描述的客观性正面在线口碑（潘晓波，黄卫来，2015）。第一，鼓励外国游客在北京与上海之外，多游览厦门、昆明和海口等"神秘"的中国城市，并在社交媒体上分享这些城市的精美图片，表明中国的污染没有外国媒体报道得那样严重，不断传播中国政府正在实施"美丽中国"国家战略，在治理环境污染上做出重大努力。第二，展示中国历史悠久、丰富多彩的饮食文化。很多外国游客在来华旅游之后都情不自禁地爱上中国菜，鼓励他/她们在社交媒体上分享诱人的中国菜图片以及与朋友们一起大快朵颐的欢乐场景。第三，鼓励外国游客分享他/她们学习汉语的经历。很多外国游客认为"汉语非常难学但非常有趣"，鼓励他/她们回国后带上亲朋好友一起去孔子学院学习汉语、更深入地了解中国文化。反复传播"虽然汉语令人生畏，但也包含了地球语言系统中的最大乐趣"的观点。

四、研究一小结

研究一以日本作为研究对象，研究中国消费者对日本的善意、敌意和矛盾情感态度。但消费者对不同国家产生敌意/善意的原因可能是不同的（Riefler, Diamantopoulos, 2007; Sánchez et al., 2016）。因此，研究二选择更多的国家目的地作为研究对象，以进一步验证与扩展研究一的结论。在研究一中，消费者善意与敌意的客体是特定国家，但消费者对特定国家与该国作为目的地的积极/消极情感态度可能是不一致的，此时消费者是否会产生矛盾情感态度？他/她们又如何进行出国旅游决策？研究二会对这些问题进行探索。

第四章 消费者对特定国家目的地的矛盾情感态度的形成机理与作用机制：消费者调节聚焦的调节作用（研究二）

第一节 探索性研究：消费者对不同国家/目的地产生敌意/善意的原因

消费者对同一个国家目的地作为国家与目的地的情感可能存在差异（Zhang et al.，2016；张宏梅，蔡利平，2011；张静儒，等，2015），可能出现四种情况：①对国家善意＋对国家目的地善意；②对国家敌意＋对国家目的地敌意；③对国家善意＋对国家目的地敌意；④对国家敌意＋对国家目的地善意。在第一与第二种情况下，消费者均难以产生矛盾情感态度，不是本书的研究重点；对于第三种情况，消费者赴目标国家目的地的可能性较小，但可能愿意购买目标国的产品，也不是本书的研究重点。小结以上，因为本书的落脚点在于消费者的出国旅游决策，所以研究二聚焦于第四种情况：消费者对特定国家持有敌意，但同时又对该国作为目的地持有善意。下文将探索消费者对不同国家产生敌意的原因，以及消费者对不同国家目的地产生善意的原因。

一、文献研究、深度访谈和问卷调查

1. 文献研究

基于对现有文献的分析，本书将消费者敌意的引致因素归纳为四个方面：

第一，战争与军事相关原因（Klein et al.，1998；Lee, Lee，2013；Riefler, Diamantopoulos，2007）；第二，经济相关原因（Ang et al.，2004；Klein et al.，1998；Riefler, Diamantopoulos，2007）；第三，政治与外交相关原因（Riefler, Diamantopoulos，2007；Ettenson, Klein，2005；Lee, Lee，2013）；第四，社会、宗教和国民心理相关原因（Nes et al.，2012；Riefler, Diamantopoulos，2007；Sánchez et al.，2016）。现有文献对消费者善意的引致因素尚无定论，但普遍提及的有：风景、文化、人民及其生活方式（Asseraf, Shoham，2016；Bernard, Zarrouk-Karoui，2014；Nes et al.，2014；Oberecker et al.，2008）。

2. 深度访谈与问卷调查

基于文献研究的结果，研究团队在旅行社、国际机场和高校等地对146位计划出国旅游的中国消费者进行深度访谈与问卷调查。深度访谈与问卷调查主要包括两方面内容：一是调查消费者最反感的国家/最喜爱的国家目的地；二是调查消费者反感/喜欢这些国家/目的地的原因。

二、探索性研究的结果

1. 消费者最反感的国家与最喜欢的国家目的地

两个问题的数据分析结果如图4-1与图4-2所示。

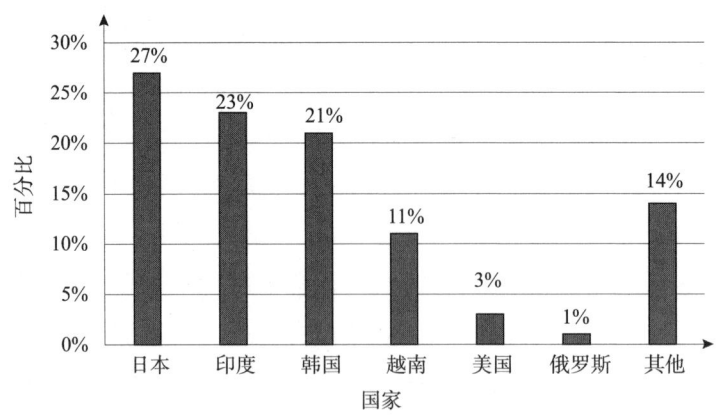

图4-1 中国消费者最反感的国家

由图4-1与图4-2可见，中国消费者最反感的国家与最喜欢的外国旅游目的地均为日本，这再次表明研究一选择日本作为研究对象是合适的。21%的中国消费者最反感韩国（排名第三）；同时3%的中国消费者最喜爱韩国旅游目的地（排名第七）。8%的中国消费者最喜爱美国旅游目的地（排名第四）；同时3%的中国消费者最反感美国这个国家（排名第五）。由此可知，中国消费者对日本、韩国和美国目的地同时持有较强烈的消极与积极情感态度。为了提高消费者对特定国家目的地产生矛盾情感态度的可能性，本研究选择这三个国家目的地为研究对象。

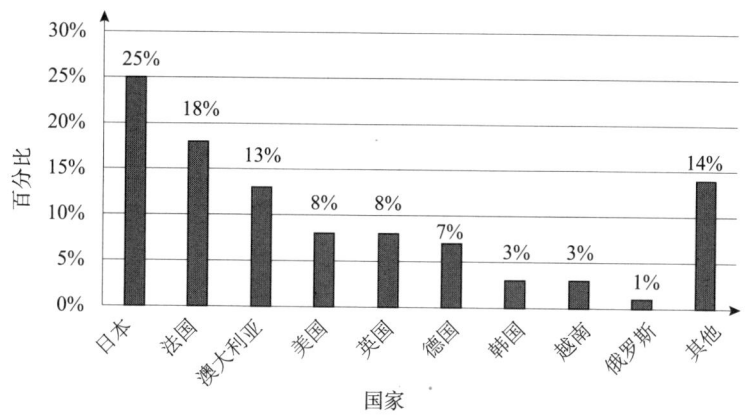

图4-2　中国消费者最喜欢的国家目的地

2. 消费者对特定国家/目的地产生敌意/善意的原因

中国消费者对日本产生敌意的原因如图4-3所示。

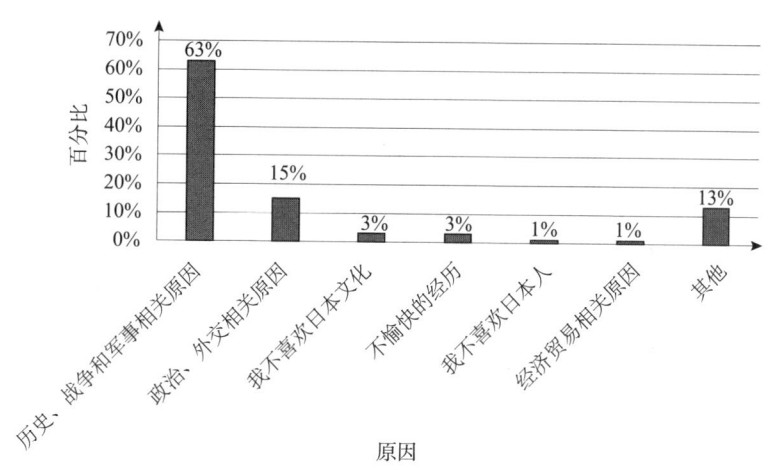

图4-3　消费者对日本产生敌意的原因

由图4-3可见，中国消费者对日本这个国家产生敌意的主要原因有两方面：一是历史、战争和军事相关原因（63%）；二是政治、外交相关原因（15%）。

因为"二战"，很多中国人至今怀恨日本。中国人对南京大屠杀事件记忆深刻。由战争与军事引发的敌意通常是稳定的、持久的，且可能代代相传，甚至延续到从未经历过战争军事冲突的人群（Ang et al.，2004）。中国人对日本不正视历史感到愤怒。日本歪曲历史，日本教科书篡改"七七事变""南京大屠杀"和"强征慰安妇"等史实；部分日本人始终不能正视历史，不正确反省历史问题——以上历史、战争和军事相关原因是很多中国消费者对日本产生敌意的最主要原因。此外，日本无视史实，声称钓鱼岛是日本的"固有领土"；多任日本首相参拜靖国神社——以上政治、外交相关原因是中国消费者对日本产生敌意的另一个主要原因。

中国消费者对日本目的地产生善意的原因如图4-4所示。

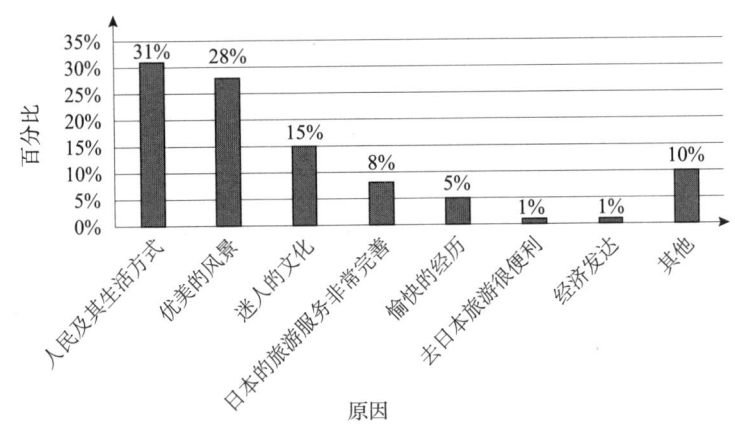

图4-4 消费者对日本目的地产生善意的原因

由图4-4可见，中国消费者喜爱日本目的地的原因主要有三个方面：人民及其生活方式（31%）、优美的风景（28%）和迷人的文化（15%）。

很多去过日本旅游的中国游客对日本目的地的评价非常高。第一，日本人素质高，日本人在公共场合无论做什么事情总是遵守规则，自律性极强；如果你在日本问路，虽然有语言障碍，但是日本人仍然非常热情与细心地为你详细讲述，甚至亲自为你带路；在日本购物时，服务员非常礼貌且热情周到。很多中国人欣赏日本人的生活方式。日本是一个全民阅读的"书之国",神保町的书店一直保持兴盛,在地铁里大多数日本人都在安静地看书;日本人欣赏"素简"之美,"断舍离"的生活理念、"森女"的生活方式和"无印良品"品牌等在中国影响广泛;日本人极为推崇精益求精的"匠人"(Takumi)精神,一生只专注于一件事,"寿司之神"闻名世界。可见,人民及其生活方式是中国消费者对日本目的地产生善意的一个主要原因。第二,日本的风景真的很美,奈良吉野山与京都清水寺灿烂夺目的樱花、富士山常年的白雪皑皑、东京传统与现代的完美融合等均让中国消费者流连忘返。此外,日本异常干净的街道与洗手间均让中国消费者深感震撼。可见,优美的风景是中国消费者对日本目的地产生善意的另一个主要原因。第三,日本文化让中国人既熟悉又陌生,魅力非凡。日本的漫画、动漫和电视剧在中国非常受欢迎;一本专门介绍日本文化的杂志《知日》在中国非常畅销;日本对传统文化的保护与传承让中国人赞赏有加,让很多中国人"梦回唐朝"。可见,迷人的文化也是中国消费者对日本目的地产生善意的重要原因。

中国消费者对韩国产生敌意的原因如图4-5所示。

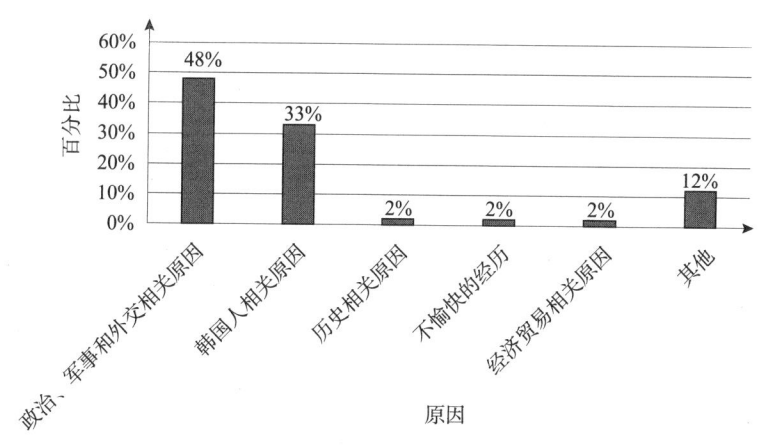

图4-5 消费者对韩国产生敌意的原因

由图4-5可见,中国消费者对韩国这个国家产生敌意的主要原因有两方面:一是政治、军事和外交相关原因(48%);二是韩国人相关原因(33%)。

近期,引发中国人对韩国敌意的最主要原因是"萨德事件"。韩国不顾中国反对,执意把萨德反导系统部署在韩国星洲基地,这种军事行动与政治事件引发中国人对韩国的强烈反感。2017年2月，乐天集团决定为部署萨德供地，再次引发中国人的愤怒。很多受访者表示，绝不去乐天玛特超市购物，大量乐天玛特超市关闭，乐天玛特可能退出中国市场。此外，韩国剽窃中国文化，声称祭孔大典、汉字和风水学等源于韩国，这让中国人感到愤怒。可见，以上政治、军事和外交相关原因是中国消费者对韩国产生敌意的最主要原因。此外，很多受访者不喜欢韩国人的优越心理，认为韩国人狂妄自大；一些受访者表示，韩国人对中国人不友好、不礼貌、不尊重；还有受访者认为韩国人素质低，在公共场合大声喧哗，不注重公共形象。可见，韩国人相关原因是中国消费者对韩国产生敌意的另一个主要原因。

中国消费者对韩国目的地产生善意的原因如图4-6所示。

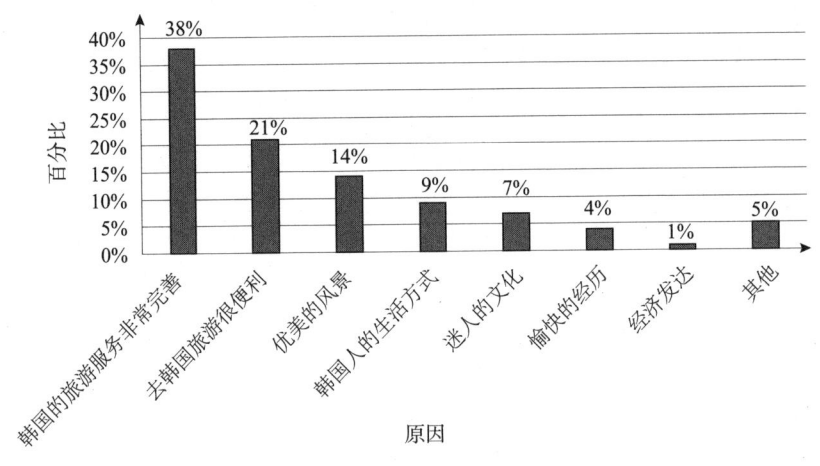

图4-6 消费者对韩国目的地产生善意的原因

由图4-6可见，中国消费者喜爱韩国旅游目的地的原因主要有三个方面：韩国的旅游服务（购物、娱乐、住宿和餐饮等）非常完善（38%）、去韩国旅游很便利（地理位置接近）（21%）、优美的风景（14%）。

大部分中国消费者赴韩旅游的主要目的是购物，尤其是韩国的化妆品受到大量中国女性消费者的青睐。可见，完善的旅游服务是中国消费者对韩国目的地产生善意的最主要原因。此外，韩国离中国很近，韩国政府为了进一步吸引中国游客，颁发具有便利的出入境服务等优惠措施，受到了中国消费者的热烈欢迎。可见，地理位置接近是中国消费者对韩国目的地产生善意的另一个主要原因。最后，韩国的美景也深深吸引着中国消费者，如：古老与现代共存的首尔、由火山喷发而形成的济州岛以及列入世界文化遗产的佛国寺等。很多消费者钟爱韩剧，都想去韩剧中出现的著名景点看看，如：《来自星星的你》中的首尔塔，《我的野蛮女友》中的梨花大学和《冬季恋歌》中的南怡岛等。可见，优美的风景也是中国消费者对韩国目的地产生善意的重要原因。

中国消费者对美国产生敌意的原因如图4-7所示。

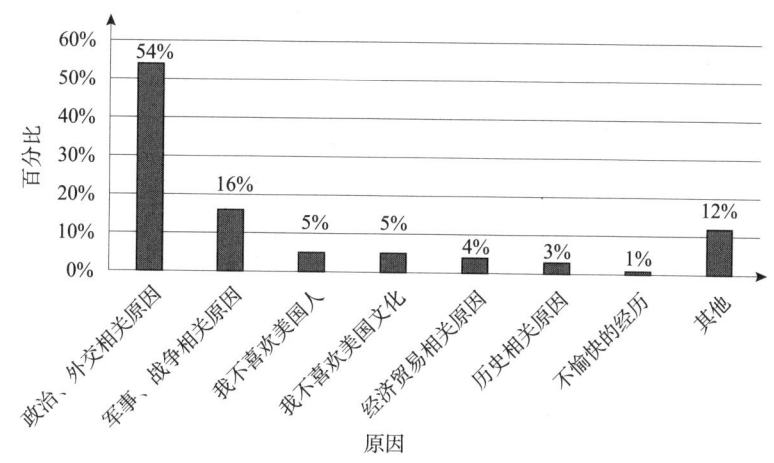

图4-7 消费者对美国产生敌意的原因

由图4-7可见，中国消费者对美国这个国家产生敌意的主要原因有两方面：一是政治、外交相关原因（54%）；二是军事、战争相关原因（16%）。

很多中国人对美国频繁干涉别国内政十分反感；不喜欢美国凭借军事和经济实力强行干涉与控制小国、弱国的内政外交。可见，政治、外交相关原因是中国消费者对美国产生敌意的最主要原因。美国近年来对伊拉克、利比亚和叙利亚的军事行动也引发较大争议，成为部分中国人反感美国的原因。可见，军事、战争相关原因是中国消费者对美国产生敌意的另一个主要原因。消费者对特定国家的经济敌意是一种情境性敌意（Lee, Lee, 2013; Nisco et al., 2016; Riefler, Diamantopoulos, 2007）。近年来，中美经济贸易摩擦相对不那么严重，这使得"经济贸易相关原因"仅占比4%。

中国消费者对美国目的地产生善意的原因如图4-8所示。

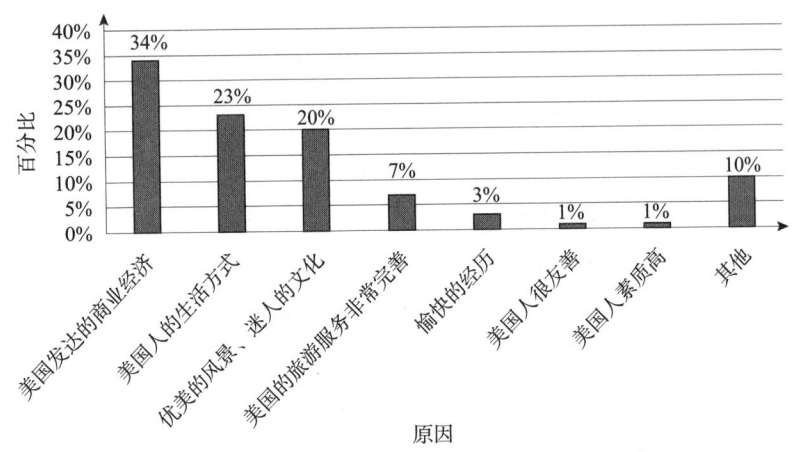

图4-8 消费者对美国目的地产生善意的原因

由图4-8可见,中国消费者对美国目的地产生善意的原因主要有三个方面:一是美国发达的商业经济(34%);二是美国人的生活方式(23%);三是优美的风景、迷人的文化(20%)。

美国经济发达,世界上大多数著名企业与知名品牌都来自美国。美国品牌如苹果、可口可乐和亚马逊等深受中国消费者喜爱,这也成为中国消费者对美国目的地产生好感的原因。可见,发达的商业经济是中国消费者对美国目的地产生善意的主要原因。此外,受好莱坞大片与美剧的影响,中国人欣赏美国人的生活方式,喜欢美国人积极、主动的心态,赞赏美国人轻松、乐观的生活态度。可见,美国人的生活方式是中国消费者对美国目的地产生善意的另一个主要原因。美国是除亚洲国家之外,最受中国消费者欢迎的国家目的地,黄石国家公园、纽约时代广场、科罗拉多大峡谷和尼亚加拉大瀑布等著名景点深深吸引着中国消费者。中美文化是东西方文化的典型代表,两者既有共同点又有很多差异,独具魅力的异域文化十分吸引中国人。受好莱坞大片、美剧和互联网等的影响,美国文化已成为世界文化的主流之一,世界各地包括中国都有很多人喜欢美国文化。可见,优美的风景、迷人的文化也是中国消费者对美国目的地产生善意的主要原因。

综上所述,基于探索性研究的结果,本书构建日本、韩国和美国三个研究模型,面向中国消费者,收集日本、韩国和美国目的地三套数据,以实证检验这三个研究模型。

第二节 日本模型

一、研究假设与研究模型

根据探索性研究的结果（见图4-3与图4-4），本研究提出如下假设。

H1a：历史、战争和军事相关原因正向影响消费者对日本的敌意。

H1b：政治、外交相关原因正向影响消费者对日本的敌意。

H2a：人民及其生活方式正向影响消费者对日本目的地的善意。

H2b：优美的风景正向影响消费者对日本目的地的善意。

H2c：迷人的文化正向影响消费者对日本目的地的善意。

与研究一相关部分的论述类似，本研究提出如下假设。

H3：消费者对日本的敌意负向影响消费者赴日旅游意向。

本书把消费者善意的客体延伸到国家/目的地。与研究一相关部分的论述类似，本研究提出如下假设。

H4：消费者对日本目的地的善意正向影响消费者赴日旅游意向。

基于矛盾态度理论，与研究一相关部分的论述类似，本研究提出如下假设。

H5：消费者对日本的敌意与对日本目的地的善意可以同时存在，当两者均达到一定强烈程度时，消费者产生对日本目的地的矛盾情感态度。

与研究一相关部分的论述类似，本研究提出如下假设。

H6：消费者对日本目的地的矛盾情感态度负向影响消费者赴日旅游意向。

消费者善意表达的是消费者对特定国家/目的地的积极情感（Asseraf, Shoham, 2016；Oberecker et al., 2008；郭功星，周星，2016）；消费者敌意表达的是消费者对特定国家的消极情感（Klein et al., 1998；Riefler, Diamantopoulos, 2007；郭功星，等，2014）。调节聚焦理论（Regulatory Focus Theory）认为，促进调节聚焦（Promotion Focus）的个体更关注事物的积极方面，趋于追求正面结果（获得、希望和成就等）；预防调节聚焦（Prevention Focus）的个体更关注事物的消极方面，趋于规避负面结果（风险、安全和责任等）

(Higgins,1997;Higgins et al.,2001;张黎,等,2011)。基于调节聚焦理论,促进调节聚焦的消费者更关注自己对特定国家目的地的积极情感;预防调节聚焦的消费者更关注自己对特定国家的消极情感。因此,促进调节聚焦的消费者对特定国家目的地的善意对他/她们赴目标国家目的地旅游决策的影响更大;预防调节聚焦的消费者对特定国家目的地的敌意对他/她们赴目标国家目的地旅游决策的影响更大。基于以上论述,本研究提出如下假设。

H7:消费者调节聚焦是消费者对特定国家的敌意与消费者对特定国家目的地的善意对消费者出国旅游决策的影响的边界条件。

H7a:预防调节聚焦对消费者对日本的敌意与消费者赴日旅游意向之间的关系起正向调节作用。

H7b:促进调节聚焦对消费者对日本目的地的善意与消费者赴日旅游意向之间的关系起正向调节作用。

综上所述,本研究构建日本模型,如图4-9所示。

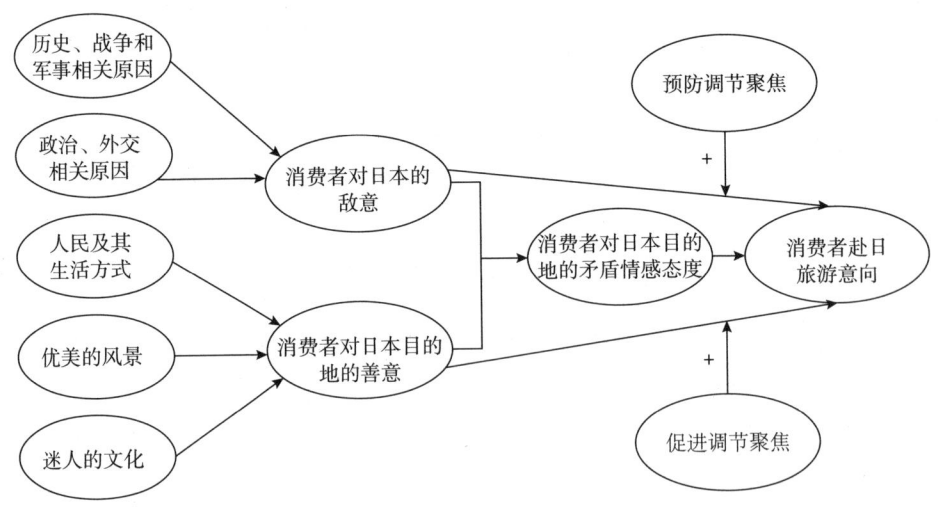

图4-9 日本模型

二、研究方法

1. 问卷设计

本部分研究选择日本目的地作为研究对象，面向中国消费者进行问卷调查。

客观测量法在实施时应注意的一个关键问题是：确保被试者在不受对立因素影响的情况下进行评价，给被试者"不考虑对立因素"的明确提示，以保证被试者对积极与消极态度进行独立评价（Conner et al., 2002; Priester, Petty, 1996; 黄敏学，等，2010）。基于此，本研究先调查被试者对日本产生敌意的原因以及对日本的敌意。在调查被试者对日本目的地产生善意的原因以及对日本目的地的善意之前，特别提示被试者："请忽略对日本这个国家的消极情感，然后填写下列测项。"

问卷内容如表4-1所示（未包括"个人信息"部分）。除了个人信息之外，其他问项均使用7点李克特量表进行测量，1表示"完全不同意"；7表示"完全同意"。问卷中的问项主要来源于现有文献，并根据实际情况进行了修订，如表4-1所示。

表4-1 构念、问项及其来源（日本问卷）

构念	问项	内容	来源
历史、战争相关原因	HW1	因为"二战"，我仍对日本感到愤怒	Klein（2002）
	HW2	我对日本不正视历史感到愤怒	
	HW3	因为南京大屠杀，我不会原谅日本	
政治、外交相关原因	PD1	我感觉日本对中国的国家安全是一个威胁	Lee 和 Lee（2013）
	PD2	我觉得日本应为中日关系的不稳定负主要责任	
	PD3	日本声称钓鱼岛是日本的一部分，我对此感到愤怒	
消费者对日本的敌意	ANJ1	我对日本感到愤怒	Klein（2002）
	ANJ2	我不喜欢日本	
	ANJ3	我喜欢日本（反向测项，用于排除无效问卷）	
优美的风景	BL1	我被日本美丽的自然景点所打动	Bernard 和 Zarrouk-Karoui（2014）
	BL2	日本有很多壮丽的景观	
	BL3	日本非常干净	

续表

构　念	问项	内　容	来　源
人民及其生活方式	PLS1	我欣赏日本人的生活方式	Nes et al. (2014)
	PLS2	日本人素质高	
	PLS3	日本人对外国人开放友好	
迷人的文化	FC1	我对日本的历史充满热情	Bernard 和 Zarrouk-Karoui (2014)
	FC2	我欣赏日本的文化	
	FC3	日本在传统文化的保护与传承方面做得很好	
消费者对日本目的地的善意	AFJ1	我喜欢日本旅游目的地	Nes et al. (2014)
	AFJ2	我不喜欢日本旅游目的地（反向测项，用于排除无效问卷）	
	AFJ3	我钟爱日本旅游目的地	
促进调节聚焦	PMF1	与大多数人相比，我总是不能得到自己想要的生活（反向测项）	Higgins et al. (2001)
	PMF2	我已完成的事情总是激励我更努力地工作	
	PMF3	我尝试的不同事情总是能做好	
	PMF4	当涉及实现对我重要的事情时，我发现不能像理想中做得那样好（反向测项）	
	PMF5	我感觉在生命中获得成功方面我已取得进展	
	PMF6	我发现在生命中很少有爱好或活动能抓住我的兴趣或激励我付出努力去做（反向测项）	
预防调节聚焦	PVF1	在长大时，我总是"越界"做一些父母不能容忍的事情（反向测项）	Higgins et al. (2001)
	PVF2	当我长大时，我总是让父母神经紧张（反向测项）	
	PVF3	我总是遵守父母制定的规章制度	
	PVF4	在长大时，我的行为方式总让父母有异议（反向测项）	
	PVF5	不够小心总使我陷入麻烦（反向测项）	
消费者对日本目的地的矛盾情感态度（主观测量法）	AAJ1	对日本目的地，我感到冲突	Russel et al. (2011)；Priester 和 Petty (1996)
	AAJ2	对日本目的地，我有混杂的情感	
	AAJ3	对日本目的地，我感到矛盾	
消费者赴日旅游意向	TIJ1	我预测未来我会去日本旅游	Lu et al. (2016)
	TIJ2	未来我可能会去日本旅游	
	TIJ3	我计划未来去日本旅游	

2. 数据收集

本研究通过问道网设计与发布问卷，通过微信发送给喜欢旅游的亲朋好友填写，并请他/她们帮忙把问卷发送给在之前旅游过程中结识的人群填写。为了确保调查对象为计划出国旅游的消费者，本研究在问卷开头设置了一句话："如果您计划未来出国旅游，请填写本问卷；否则请不要填写，以免对研究结果造成干扰，谢谢！"问卷调查在2017年10月至11月进行，收回问卷281份，通过两个判别性的反向问项（"我喜欢日本"，"我不喜欢日本旅游目的地"）来排除那些明显自相矛盾的样本（黄敏学，等，2015），得到有效问卷277份，样本特征如表4-2所示。

表4-2 有效问卷的样本特征

项 目	分 类	人 数	百分比
是否去过日本	是	62	22.4%
	否	215	77.6%
性别	男性	121	43.7%
	女性	156	56.3%
年龄（岁）	18以下	4	1.4%
	18~28	245	88.5%
	29~40	12	4.3%
	41~55	11	4.0%
	55以上	5	1.8%
月收入（元）	2000以下	161	58.1%
	2000~4999	64	23.1%
	5000~9999	38	13.7%
	1万~2万	11	4.0%
	2万以上	3	1.1%
平均每年用于旅游的支出（元）	2000以下	88	31.8%
	2000~4999	77	27.8%
	5000~9999	68	24.5%
	1万~2万	38	13.7%
	2万以上	6	2.2%

3. 统计分析方法

如图4-9所示，本研究构建的日本模型较复杂，包含11个构念。偏最小二乘结构方程模型（PLS – SEM）在处理复杂的结构模型时独具优势（Hair et al., 2014）。此外，部分构念的测项在经过信度、效度检验之后可能少于三个；使用 Griffin 公式计算产生的消费者对日本目的地的矛盾情感态度构念只有一个问项，而 PLS – SEM 对构念的问项数没有要求（Hair et al., 2014）。因此，本研究主要使用 SmartPLS v.3.2.6 软件进行数据分析。在如图 4 – 9 所示的结构模型中，赴日旅游意向被五个箭头所指到（包括下文要进行的调节效应检验），为所有构念中最多。根据文献的建议（Hair et al., 2014），在 $\alpha = 0.05$ 的显著性水平下，要检验出最小 0.10 的 R^2 值，最小样本量为 147 个。本研究针对日本收集到的有效问卷数为 277 份，满足要求。

三、消费者矛盾情感态度的客观测量

Griffin 公式是当前应用最广泛的客观矛盾态度测量法（黄敏学，等，2010；高海霞，张敏，2016）。因此，本研究运用 Griffin 公式（Thompson et al., 1995）计算产生消费者情感矛盾态度构念，计算公式如式（4 – 1）所示。

$$Ambivalence = (P + N)/2 - |P - N| + C \qquad (4 – 1)$$

注：P 表示测量得到的独立的积极态度得分；N 表示测量得到的独立的消极态度得分；C 为常数，使计算结果位于合适的数据范围内以便于统计使用。

本研究计算"消费者对日本的敌意"三个问项的平均值 Mean（Animosity）= 4.063；"消费者对日本目的地的善意"的三个问项平均值 Mean（Affinity）= 4.670。两者均大于 4 的中间值，这表明消费者对日本的敌意与对日本目的地的善意均达到较强的程度。根据矛盾态度理论，消费者产生对日本目的地的矛盾情感态度（Maio et al., 2009；Williams, Aaker, 2002；黄敏学，等，2010）。本研究运用 Griffin 公式（Thompson et al., 1995）计算消费者对日本目的地的矛盾情感态度，见式（4 – 1），C 取值为 2。Mean（Ambivalence）= 4.950。本研究运用 SPSS 18.0 进行配对样本 t 检验，发现主观、客观测量法下的消费者对日本目的地的矛盾情感态度的相关系数为 0.341。这表明，运用 Griffin 公式（Thompson et al., 1995）计算消费者对日本目的地的矛盾情感态度较有效（Priester, Petty, 1996）。小结以上，H5 得到支持，即当中国消费者对日本目的地的敌意与善意均到达一定强烈程度时，产生对日本目的地的矛盾情感态度。

四、数据分析

1. 外模型

（1）信度检验。Hulland（1999）建议，问项的因子载荷应大于0.7的限制性水平。本研究运用SmartPLS v.3.2.6软件进行数据分析，发现：关于"政治、外交相关原因"的一个问项（PD1"我感觉日本对中国的国家安全是一个威胁"）的因子载荷为0.693，略小于0.7的限制性水平；关于"消费者对日本目的地的矛盾情感态度（主观测量法）"的一个问项（AAJ2"对日本目的地，我有混杂的情感"）的因子载荷为0.585，小于0.7的限制性水平。当出现这种情况时，Hair等（2014）建议的处理方法是：①如果问项的因子载荷小于0.4，则直接删除该问项。②如果问项的因子载荷在0.4~0.7之间，可以尝试删除该问项，若删除后该问项所测量构念的平均变异萃取值（AVE）增加至大于0.5的限制性水平，且组成信度（CR）增加至大于0.7的限制性水平，则删除该问项；反之则保留该问项。依据该处理方法，本研究保留PD1，删除AAJ2，并对剩下的问项进行重新排序。之后，本研究运用SmartPLS v.3.2.6软件进行信度检验与收敛效度检验，如表4-3所示。

表4-3 信度检验与收敛效度检验

构　念	问项	平均值（标准差）	因子载荷	CR	AVE
历史、战争相关原因	HW1	4.58（1.35）	0.913	0.882	0.715
	HW2	5.57（1.16）	0.743		
	HW3	4.86（1.39）	0.872		
政治、外交相关原因	PD1	4.23（1.26）	0.693	0.813	0.595
	PD2	4.83（1.21）	0.877		
	PD3	5.69（1.17）	0.732		
消费者对日本的敌意	ANJ1	4.21（1.30）	0.852	0.921	0.797
	ANJ2	3.88（1.37）	0.935		
	ANJ3	4.10（1.19）	0.889		
优美的风景	BL1	5.03（1.10）	0.881	0.885	0.720
	BL2	4.90（1.14）	0.873		
	BL3	5.36（1.18）	0.788		

续表

构 念	问项	平均值（标准差）	因子载荷	CR	AVE
人民及其生活方式	PLS1	4.46 (1.20)	0.780	0.859	0.670
	PLS2	4.72 (1.29)	0.868		
	PLS3	4.11 (1.06)	0.806		
迷人的文化	FC1	3.70 (1.22)	0.792	0.877	0.705
	FC2	4.22 (1.27)	0.899		
	FC3	4.81 (1.25)	0.825		
消费者对日本目的地的善意	AFJ1	4.93 (1.15)	0.943	0.929	0.813
	AFJ2	4.77 (1.17)	0.900		
	AFJ3	4.31 (1.19)	0.859		
消费者对日本目的地的矛盾情感态度（主观测量法）	AAJ1	3.82 (1.04)	0.930	0.897	0.813
	AAJ2	3.88 (1.09)	0.872		
消费者赴日旅游意向	TIJ1	5.03 (1.34)	0.969	0.979	0.940
	TIJ2	5.03 (1.31)	0.972		
	TIJ3	4.88 (1.35)	0.968		

如表 4-3 所示，各构念的 CR 值大于 0.7 的限制性水平 (Hair et al., 2014)，这表明量表有良好的信度。

(2) 效度检验。①收敛效度。如表 4-3 所示，各构念的 AVE 均大于 0.5 的限制性水平 (Bagozzi, Yi, 1988)，这表明量表有良好的收敛效度。②区别效度。每个构念的 AVE 的平方根值均大于它与其他构念的相关系数 (Fornell, Larcker, 1981)，这表明量表有良好的区别效度，如表 4-4 所示。

表 4-4 区别效度检验

构 念	构 念								
	PLS	BL	HW	ANJ	AFJ	AAJ	PD	TIJ	FC
PLS	**0.819**								
BL	0.557	**0.849**							
HW	-0.131	0.010	**0.845**						
ANJ	-0.331	-0.239	0.657	**0.892**					
AFJ	0.642	0.671	-0.18	-0.442	**0.902**				
AAJ	-0.185	-0.177	0.333	0.344	-0.241	**0.902**			

续表

构念	构念								
	PLS	BL	HW	ANJ	AFJ	AAJ	PD	TIJ	FC
PD	-0.113	0.002	0.660	0.577	-0.161	0.287	**0.771**		
TIJ	0.567	0.564	-0.257	-0.497	0.696	-0.195	-0.149	**0.970**	
FC	0.630	0.600	-0.189	-0.392	0.638	-0.226	-0.184	0.515	**0.840**

注：①对角线上的粗体数值为各构念的 AVE 的平方根值，其他数值为构念之间的相关系数。②PLS 指人民及其生活方式；BL 指优美的风景；HW 指历史、战争相关原因；ANJ 指消费者对日本的敌意；AFJ 指消费者对日本目的地的善意；AAJ 指消费者对日本目的地的矛盾情感态度；PD 指政治、外交相关原因；TIJ 指消费者赴日旅游意向；FC 指迷人的文化。

（3）数据同源偏差分析。本研究参考黄敏学等（2015）使用的方法进行同源偏差分析。第一，为了避免由同一位调查对象填写问卷造成的同源偏差问题，本研究在某些构念的测项中设置判别性的反向测项。例如，在测量"消费者对日本的敌意"的测项中，本研究特意加入一个反向的判别测项"我喜欢日本"；在测量"消费者对日本目的地的善意"的测项中，本研究特意加入一个反向的判别测项"我不喜欢日本旅游目的地"——通过这两个判别性的反向测项来排除那些明显自相矛盾的样本。第二，本研究采用两种方法对数据进行检验。第一种方法是 Harman 的单因子检验法，即对全部构念的测项进行探索性因子分析，如果未旋转之前的第一个因子方差解释率超过50%，表明同源偏差较大。SPSS 18.0 软件分析的结果表明，第一个因子的方差解释率为 22.396%，小于50%，说明数据的同源偏差在可接受的范围之内。第二种方法是检验构念之间的相关系数，如果构念之间的相关系数大于0.9，表明同源偏差较大。由表4-4可知，构念之间的相关系数最大者为0.696，小于0.9，表明本研究的测量数据是可靠的。由以上可知，本研究的数据同源偏差问题不严重。

（4）多重共线性检验。根据 Hair 等（2014）的建议，本研究通过以下两个步骤检验多重共线性。第一步，使用方差膨胀因子（Variance Inflation Factor，VIF）进行多重共线性检验，如果 VIF 大于5，表明多重共线性问题较严重。数据分析结果显示，构念之间的 VIF 最大者为1.948，表明变量之间的多重共线性不严重。第二步，本研究采用 Bootstrapping 抽样5000次，发现所有问项的外部权重（Outer Weights）均在 $\alpha = 0.05$ 的显著性水平下显著。以上两个步骤表明，变量之间的多重共线性不严重，所有问项均保留。

最后，依据 Hair 等（2014）的建议，偏最小二乘结构方程模型无需检验模型的拟合优度。

2. 内模型

（1）路径系数的显著性检验。根据 Hair 等（2014）的建议，本研究采用 Bootstrapping 抽样 5000 次，得到内模型的路径分析与假设检验结果，如表 4-5 所示。

表 4-5 结构方程模型路径系数的显著性检验

假设	结构方程模型影响路径	路径系数	t 值	p 值	结果
H1a	历史、战争和军事相关原因→消费者对日本的敌意	0.486	7.811	0.000	显著
H1b	政治、外交相关原因→消费者对日本的敌意	0.261	3.919	0.000	显著
H2a	人民及其生活方式→消费者对日本目的地的善意	0.292	4.456	0.000	显著
H2b	优美的风景→消费者对日本目的地的善意	0.369	6.942	0.000	显著
H2c	迷人的文化→消费者对日本目的地的善意	0.233	3.622	0.000	显著
H3	消费者对日本的敌意→消费者赴日旅游意向	-0.270	4.440	0.000	显著
H4	消费者对日本目的地的善意→消费者赴日旅游意向	0.582	11.607	0.000	显著
H6	消费者对日本目的地的矛盾情感态度→消费者赴日旅游意向（Griffin 公式客观测量法）	0.071	1.676	0.094	显著

注：Bootstrapping 抽样 5000 次，检验类型为双尾检验，显著性水平 $\alpha = 0.1$。

如表 4-5 所示，除了 H6 以外，所有假设在 $\alpha = 0.1$ 的显著性水平下均得到支持。消费者对日本目的地的矛盾情感态度（Griffin 公式客观测量法）显著地正向影响消费者赴日旅游意向（路径系数 = 0.071，影响微弱），这与本研究假设的影响方向不一致。这表明：使用客观测量法测量矛盾态度时，H6 没有得到支持。此外，使用主观测量法得到的消费者对日本目的地的矛盾情感态度对消费者赴日旅游意向的影响不显著（在 $\alpha = 0.1$ 的显著性水平下，路径系数 = 0.024，t 值 = 0.539，p 值 = 0.590）。这表明：使用主观测量法测量矛盾态度时，H6 也没有得到支持。

（2）调节效应检验。所有构念均为反映性测量模型，故本研究使用产品指标计算方法检验调节效应（Hair et al.，2014）。

① 预防调节聚焦的调节效应检验。根据 Hair 等（2014）推荐的方法，本研究使用 SmartPLS v3.2.6 软件生成以预防调节聚焦为调节变量，以消费者对日本的敌意为自变量，以消费者赴日旅游意向为因变量的调节效应构念 1（Mean Centered Product Term Gerneration）。本研究检验消费者以对日本的敌意、消费者对日本目的地的善意、消费者对日本目的地的矛盾情感态度、调节效应构念 1 为自变量，以消费者赴日旅游意向为因变量的影响模型。本研究对此模型进行信度与效度检验，依据文献的要求（Hair et al.，2014），删除掉无效的问项（PVF3）。之后，本研究发现：信度、收敛效度和区别效度良好。同时，本研究进行数据同源偏差分析与多重共线性检验，发现：数据同源偏差问题与变量间的多重共线性均不严重。根据文献的建议（Hair et al.，2014），本研究采用 Bootstrapping 抽样 5000 次，得到路径分析与假设检验结果，如表 4 - 6 所示。

表 4 - 6　预防调节聚焦的调节效应检验

结构模型路径	路径系数	t 值	p 值	检验结果
调节效应构念 1→消费者赴日旅游意向	0.060	1.659	0.097	显著
消费者对日本的敌意→消费者赴日旅游意向	-0.261	4.839	0.000	显著
消费者对日本目的地的善意→消费者赴日旅游意向	0.561	11.183	0.000	显著
消费者对日本目的地的矛盾情感态度→消费者赴日旅游意向	0.045	1.119	0.263	不显著
预防调节聚焦→消费者赴日旅游意向	0.030	0.463	0.643	不显著

说明：Bootstrapping 抽样 5000 次，检验类型为双尾检验，显著性水平 $\alpha = 0.1$。

如表 4 - 6 所示，在 $\alpha = 0.1$ 的显著性水平下，调节效应构念 1 显著地正向影响消费者赴日旅游意向，H7a 得到支持，即预防调节聚焦能够加强消费者对日本的敌意对消费者赴日旅游意向的负向影响。

② 促进调节聚焦的调节效应检验。根据 Hair 等（2014）推荐的方法，本研究使用 SmartPLS v3.2.6 软件生成以促进调节聚焦为调节变量，以消费者对日本目的地的善意为自变量，以消费者赴日旅游意向为因变量的调节效应构念 2（Unstandardized Product Term Gerneration）。本研究检验以消费者对日本的敌意、消费者对日本目的地的善意、消费者对日本目的地的矛盾情感态度、调节

效应构念2为自变量，以消费者赴日旅游意向为因变量的影响模型。本研究对此模型进行信度与效度检验，依据文献的要求（Hair et al.，2014），删除掉无效的问项（PMF2~PMF5）。之后，本研究发现：信度、收敛效度和区别效度良好。同时，本研究进行数据同源偏差分析与多重共线性检验，发现：数据同源偏差问题与变量间的多重共线性均不严重。根据文献的建议（Hair et al.，2014），本研究采用Bootstrapping抽样5000次，得到路径分析与假设检验结果，如表4-7所示。

表4-7 促进调节聚焦的调节效应检验

结构模型路径	路径系数	t值	p值	检验结果
调节效应构念2→消费者赴日旅游意向	0.033	1.721	0.085	显著
消费者对日本的敌意→消费者赴日旅游意向	-0.261	4.234	0.000	显著
消费者对日本目的地的善意→消费者赴日旅游意向	0.745	5.877	0.000	显著
消费者对日本目的地的矛盾情感态度→消费者赴日旅游意向	0.049	1.014	0.311	不显著
促进调节聚焦→消费者赴日旅游意向	0.247	1.963	0.050	显著

说明：Bootstrapping抽样5000次，检验类型为双尾检验，显著性水平$\alpha=0.1$。

如表4-7所示，在$\alpha=0.1$的显著性水平下，调节效应构念2显著地正向影响消费者赴日旅游意向，H7b得到支持，即促进调节聚焦能够加强消费者对日本目的地的善意对消费者赴日旅游意向的正向影响。此外，促进调节聚焦对消费者赴日旅游意向的直接影响是显著的。

（3）总效应检验。因为促进调节聚焦显著地正向影响消费者赴日旅游意向（见表4-7），所以本研究检验消费者对日本的敌意、消费者对日本目的地的善意、消费者对日本目的地的矛盾情感态度、促进调节聚焦、调节效应构念1和调节效应构念2对消费者赴日旅游意向的总效应；同时本研究检验历史、战争和军事相关原因以及政治、外交相关原因对消费者对日本的敌意的总效应；检验人民及其生活方式、优美的风景和迷人的文化对消费者对日本目的地的善意的总效应。结果如表4-8所示。

表4-8 总效应检验

结构模型路径	总效应	t 值	p 值	总效应显著性
促进调节聚焦→消费者赴日旅游意向	0.202	1.634	0.102	不显著
消费者对日本的敌意→消费者赴日旅游意向	-0.253	4.539	0.000	显著
消费者对日本目的地的善意→消费者赴日旅游意向	0.687	5.161	0.000	显著
消费者对日本目的地的矛盾情感态度→消费者赴日旅游意向	0.030	0.698	0.485	不显著
调节效应构念1→消费者赴日旅游意向	0.056	1.498	0.134	不显著
调节效应构念2→消费者赴日旅游意向	-0.024	1.256	0.209	不显著
历史、战争和军事相关原因→消费者对日本的敌意	0.488	7.878	0.000	显著
政治、外交相关原因→消费者对日本的敌意	0.258	3.944	0.000	显著
人民及其生活方式→消费者对日本目的地的善意	0.290	4.441	0.000	显著
优美的风景→消费者对日本目的地的善意	0.369	6.914	0.000	显著
迷人的文化→消费者对日本目的地的善意	0.235	3.696	0.000	显著

注：Bootstrapping抽样5000次，检验类型为双尾检验，显著性水平 $\alpha=0.05$；总效用＝直接效应＋间接效应。

如表4-8所示，消费者对日本目的地的善意对消费者赴日旅游意向的正向总效应（0.687）强于消费者对日本的敌意对消费者赴日旅游意向的负向总效应（-0.253）。促进调节聚焦、消费者对日本目的地的矛盾情感态度、调节效应构念1和调节效应构念2对消费者赴日旅游意向的总效应均不显著。

历史、战争和军事相关原因对消费者对日本的敌意的总效应（0.488）强于政治、外交相关原因（0.258）。首先是优美的风景对消费者对日本目的地的善意的总效应最强（0.369），其次是人民及其生活方式（0.290），总效应最弱的是迷人的文化（0.235）。这与前面探索性研究的研究结果基本一致。

(4) 解释力检验。根据文献的建议（Hair et al., 2014），当研究市场营销问题时，R^2 值为0.75、0.50和0.25，分别表示强、中等和弱的解释力。在本研究构建的结构模型中，消费者对日本的敌意的 R^2 值为0.468，消费者对日本目的地的善意的 R^2 值为0.583，消费者赴日旅游意向的 R^2 值为0.555，这表明模型的解释力尚可。

第三节　韩国模型

一、研究假设与研究模型

根据探索性研究的结果（见图4-5与图4-6），本研究提出如下假设。

H1a：政治、军事和外交相关原因正向影响消费者对韩国的敌意。

H1b：韩国人相关原因正向影响消费者对韩国的敌意。

H2a：完善的旅游服务正向影响消费者对韩国目的地的善意。

H2b：地理位置接近正向影响消费者对韩国目的地的善意。

H2c：优美的风景正向影响消费者对韩国目的地的善意。

与研究一相关部分的论述类似，本研究提出如下假设。

H3：消费者对韩国的敌意负向影响消费者赴韩旅游意向。

本书把消费者善意的客体延伸到国家/目的地。与研究一相关部分的论述类似，本研究提出如下假设。

H4：消费者对韩国目的地的善意正向影响消费者赴韩旅游意向。

基于矛盾态度理论，与研究一相关部分的论述类似，本研究提出如下假设。

H5：消费者对韩国的敌意与对韩国目的地的善意可以同时存在，当两者均达到一定强烈程度时，消费者产生对韩国目的地的矛盾情感态度。

与研究一相关部分的论述类似，本研究提出如下假设。

H6：消费者对韩国目的地的矛盾情感态度负向影响消费者赴韩旅游意向。

与日本模型相关部分的论述类似，本研究提出如下假设。

H7：消费者调节聚焦是消费者对特定国家的敌意与消费者对特定国家目的地的善意对消费者出国旅游决策的影响的边界条件。

H7a：预防调节聚焦对消费者对韩国的敌意与消费者赴韩旅游意向之间的关系起正向调节作用。

H7b：促进调节聚焦对消费者对韩国目的地的善意与消费者赴韩旅游意向之间的关系起正向调节作用。

第四章 消费者对特定国家目的地的矛盾情感态度的形成机理与作用机制：消费者调节聚焦的调节作用（研究二）

综上所述，本研究构建韩国模型，如图 4-10 所示。

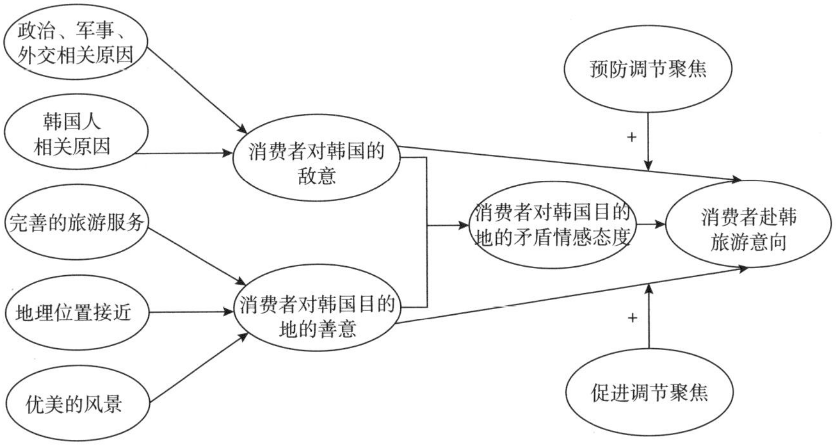

图 4-10　韩国模型

二、研究方法

1. 问卷设计

本部分选择韩国目的地作为研究对象，面向中国消费者进行问卷调查。

与日本模型的研究方法类似，本研究先调查被试者对韩国产生敌意的原因以及对韩国的敌意；在调查被试者对韩国目的地产生善意的原因以及对韩国目的地的善意之前，特别提示被试者："请忽略对韩国这个国家的消极情感，然后填写下列测项。"

问卷内容如表 4-9 所示（未包括"个人信息"部分）。除了个人信息之外，其他问项均使用 7 点李克特量表，1 表示"完全不同意"；7 表示"完全同意"。问卷中的问项主要来源于现有文献，并根据实际情况进行了修订，如表 4-9 所示。

表 4-9　构念、问项及其来源（韩国问卷）

构　念	问项	内　容	来　源
政治、军事、外交相关原因	HMD1	"萨德入韩"对中国的国家安全是一种威胁	Ettenson 和 Klein（2005）
	HMD2	韩国不在乎中国或其他国家对"萨德入韩"的想法	
	HMD3	因为"萨德事件"，我不会原谅韩国	
	HMD4	韩国剽窃中国文化，我对此感到反感	

续表

构 念	问项	内 容	来 源
韩国人相关原因	KP1	我不喜欢韩国人的优越心理	Nes et al. (2012)
	KP2	我觉得韩国人对外国人是不友好、不开放的	
	KP3	韩国人素质低	
	KP4	韩国人狂妄自大，令人反感	
消费者对韩国的敌意	ANK1	我对韩国感到愤怒	Klein（2002）
	ANK2	我不喜欢韩国	
	ANK3	我喜欢韩国（反向测项）	
完善的旅游服务	TS1	韩国有众多购物场所	张静儒等（2015）
	TS2	韩国的娱乐设施丰富	
	TS3	韩国的住宿设施完善	
	TS4	韩国的餐饮设施完善	
地理位置接近	GP1	韩国与中国相距不远	Su et al.（2011）；刘力等（2014）
	GP2	便利的交通使到韩国旅游容易	
	GP3	地理位置的邻近使到韩国旅游容易	
优美的风景	BL1	我被韩国美丽的自然景点所打动	Bernard 和 Zarrouk-Karoui（2014）
	BL2	韩国有很多壮丽的景观	
	BL3	韩国的自然风光优美	
消费者对韩国目的地的善意	AFK1	我喜欢韩国旅游目的地	Nes et al.（2014）
	AFK2	我不喜欢韩国旅游目的地（反向测项）	
	AFK3	我钟爱韩国旅游目的地	
促进调节聚焦	PMF1	与大多数人相比，我总是不能得到自己想要的生活（反向测项）	Higgins et al.（2001）
	PMF2	我已完成的事情总是激励我更努力地工作	
	PMF3	我尝试的不同事情总是能做好	
	PMF4	当涉及实现对我重要的事情时，我发现不能像理想中做得那样好（反向测项）	
	PMF5	我感觉在生命中获得成功方面我已取得进展	
	PMF6	我发现在生命中很少有爱好或活动能抓住我的兴趣或激励我付出努力去做（反向测项）	

续表

构　念	问项	内　容	来　源
预防调节聚焦	PVF1	在长大时，我总是"越界"做一些父母不能容忍的事情（反向测项）	Higgins et al. (2001)
	PVF2	当我长大时，我总是让父母神经紧张（反向测项）	
	PVF3	我总是遵守父母制定的规章制度	
	PVF4	在长大时，我的行为方式总让父母有异议（反向测项）	
	PVF5	不够小心总使我陷入麻烦（反向测项）	
消费者对韩国目的地的矛盾情感态度（主观测量法）	AAK1	对韩国目的地，我感到冲突	Russel et al. (2011); Priester, Petty (1996)
	AAK2	对韩国目的地，我有混杂的情感	
	AAK3	对韩国目的地，我感到矛盾	
消费者赴韩旅游意向	TIK1	我预测未来我会去韩国旅游	Lu et al. (2016)
	TIK2	未来我可能会去韩国旅游	
	TIK3	我计划未来去韩国旅游	

2. 数据收集

数据收集的过程与前面日本模型的过程类似。问卷调查在2017年10月至11月进行，收回问卷225份，通过两个判别性的反向问项（"我喜欢韩国"与"我不喜欢韩国旅游目的地"）来排除那些明显自相矛盾的样本（黄敏学，等，2015），得到有效问卷222份，样本特征如表4-10所示。

表4-10　有效问卷的样本特征

项　目	分　类	人　数	百分比
是否去过韩国	是	36	16.2%
	否	186	83.8%
性别	男性	91	41.0%
	女性	131	59.0%
年龄（岁）	18以下	6	2.7%
	18~28	201	90.5%
	29~40	6	2.7%
	41~55	8	3.6%
	55以上	1	0.5%

续表

项 目	分 类	人 数	百分比
月收入（元）	2000 以下	138	62.2%
	2000~4999	49	22.1%
	5000~9999	25	11.2%
	1万~2万	4	1.8%
	2万以上	6	2.7%
平均每年用于旅游的支出（元）	2000 以下	88	39.6%
	2000~4999	71	32.0%
	5000~9999	33	14.9%
	1万~2万	20	9.0%
	2万以上	10	4.5%

3. 统计分析方法

与前面日本模型的理由类似，本研究主要使用 SmartPLS v.3.2.6 软件进行数据分析。在如图 4-10 所示的结构模型中，消费者赴韩旅游意向被五个箭头所指到（包括下文要进行的调节效应检验），为所有构念中最多。根据文献的建议（Hair et al., 2014），在 $\alpha = 0.05$ 的显著性水平下，要检验出最小 0.10 的 R^2 值，最小样本量为 147 个。本研究针对韩国收集到的有效问卷数为 222 份，满足要求。

三、消费者矛盾情感态度的客观测量

本研究计算"消费者对韩国的敌意"三个问项的平均值 Mean（Animosity）= 4.240；"消费者对韩国目的地的善意"的三个问项平均值 Mean（Affinity）= 4.123。两者均大于 4 的中间值，这表明消费者对韩国目的地的善意与对韩国的敌意均达到了较强的程度。根据矛盾态度理论，消费者产生对韩国目的地的矛盾情感态度（Maio et al., 2009；Williams, Aaker, 2002；黄敏学，等，2010）。Mean（Ambivalence）= 4.06156（主观测量法），大于 4 的中间值，表明消费者对韩国目的地确实存在较强烈的矛盾情感态度。本研究运用 Griffin 公式（Thompson et al., 1995）计算消费者对韩国目的地的矛盾情感态度，见式（4-1），C 取值为 2。Mean（Ambivalence）= 5.073。本研究运用 SPSS 18.0

进行配对样本 t 检验，发现主观、客观测量法下的消费者对韩国目的地的矛盾情感态度的相关系数为 0.355。这表明，运用 Griffin 公式（Thompson et al., 1995）计算消费者对韩国目的地的矛盾情感态度较有效（Priester, Petty, 1996）。小结以上，H5 得到支持，即当中国消费者对韩国的敌意与对韩国目的地的善意均达到一定强烈程度时，产生对韩国目的地的矛盾情感态度。

四、数据分析

1. 外模型

（1）信度检验。Hulland（1999）建议，问项的因子载荷应大于 0.7 的限制性水平。本研究运用 SmartPLS v.3.2.6 软件进行数据分析，发现：关于"政治、军事、外交相关敌意"的一个问项（HMD1"'萨德入韩'"对中国的国家安全是一种威胁"）的因子载荷为 0.670，略小于 0.7 的限制性水平；另一个问项（HMD2"韩国不在乎中国或其他国家对'萨德入韩'的想法"）的因子载荷为 0.470，小于 0.7 的限制性水平。关于"消费者对韩国目的地的矛盾情感态度（主观测量法）"的一个问项（AAK1"对韩国目的地，我感到冲突"）的因子载荷为 0.101，小于 0.7 的限制性水平（使用矛盾态度的主观测量法）。当出现这种情况时，Hair 等（2014）建议的处理方法是：①如果问项的因子载荷小于 0.4，则直接删除该问项。②如果问项的因子载荷在 0.4~0.7 之间，可以尝试删除该问项，若删除后该问项所测量构念的平均变异萃取值（AVE）增加至大于 0.5 的限制性水平，且组成信度（CR）增加至大于 0.7 的限制性水平，则删除该问项；反之则保留该问项。依据该处理方法，本研究保留 HMD1，删除 HMD2 与 AAK1。本研究运用 SmartPLS v.3.2.6 软件进行信度检验与收敛效度检验，如表 4-11 所示。

表 4-11 信度检验与收敛效度检验

构　念	问项	平均值（标准差）	因子载荷	CR	AVE
政治、军事、外交相关原因	HMD1	5.43（1.26）	0.670	0.815	0.597
	HMD2	4.63（1.28）	0.844		
	HMD3	5.26（1.41）	0.795		

续表

构　念	问项	平均值（标准差）	因子载荷	CR	AVE
韩国人相关原因	KP1	4.86 (1.23)	0.721	0.898	0.688
	KP2	3.94 (1.04)	0.861		
	KP3	3.83 (1.08)	0.839		
	KP4	4.04 (1.14)	0.887		
消费者对韩国的敌意	ANK1	4.09 (1.16)	0.812	0.900	0.750
	ANK2	4.23 (1.21)	0.927		
	ANK3	4.40 (1.13)	0.855		
完善的旅游服务	TS1	5.02 (1.08)	0.780	0.908	0.713
	TS2	4.67 (1.08)	0.889		
	TS3	4.40 (0.95)	0.876		
	TS4	4.36 (1.11)	0.827		
地理位置接近	GP1	5.17 (1.06)	0.850	0.921	0.796
	GP2	5.08 (1.06)	0.918		
	GP3	5.12 (1.03)	0.908		
优美的风景	BL1	4.12 (1.12)	0.923	0.942	0.844
	BL2	3.93 (1.12)	0.915		
	BL3	4.07 (1.06)	0.919		
消费者对韩国目的地的善意	AFK1	4.30 (1.21)	0.949	0.927	0.809
	AFK2	4.24 (1.12)	0.912		
	AFK3	3.83 (1.13)	0.834		
消费者对韩国目的地的矛盾情感态度（主观测量法）	AAK1	4.05 (1.04)	0.931	0.940	0.886
	AAK2	4.06 (1.01)	0.952		
消费者赴韩旅游意向	TIK1	4.26 (1.28)	0.965	0.966	0.904
	TIK2	4.38 (1.28)	0.951		
	TIK3	4.01 (1.27)	0.935		

如表4-11所示，各构念的CR值大于0.7的限制性水平（Hair et al., 2014），这表明量表有良好的信度。

（2）效度检验。①收敛效度。如表4-11所示，各构念的AVE均大于0.5的限制性水平（Bagozzi, Yi, 1988），这表明量表有良好的收敛效度。②区别效度。每个构念的AVE的平方根值均大于它与其他构念的相关系数（Fornell,

Larcker，1981），这表明量表有良好的区别效度，如表4-12所示。

表4-12 区别效度检验

构念	构念								
	AAK	BL	GP	TS	ANK	AFK	HMD	TIK	KP
AAK	**0.941**								
BL	0.110	**0.919**							
GP	-0.009	0.320	**0.892**						
TS	0.181	0.576	0.539	**0.844**					
ANK	0.236	-0.261	-0.020	-0.207	**0.866**				
AFK	0.194	0.594	0.412	0.576	-0.342	**0.900**			
HMD	0.223	-0.187	0.039	-0.116	0.633	-0.222	**0.773**		
TIK	0.088	0.449	0.332	0.454	-0.452	0.638	-0.284	**0.951**	
KP	0.170	-0.220	-0.110	-0.188	0.594	-0.243	0.504	-0.305	**0.829**

注：①对角线上的粗体数值为各构念的 AVE 的平方根值，其他数值为构念之间的相关系数。②AAK 指消费者对韩国目的地的矛盾情感态度；BL 指优美的风景；GP 指地理位置接近；TS 指完善的旅游服务；ANK 指消费者对韩国的敌意；AFK 指消费者对韩国目的地的善意；HMD 指政治、军事、外交相关敌意；TIK 指消费者赴韩旅游意向；KP 指韩国人相关原因。

（3）数据同源偏差分析。本研究参考黄敏学等（2015）使用的方法进行同源偏差分析。第一，为了避免由同一位调查对象填写问卷造成的同源偏差问题，本研究在某些构念的测项中设置判别性的反向测项。例如，在测量"消费者对韩国的敌意"的测项中，本研究特意加入一个反向的判别测项"我喜欢韩国"；在测量"消费者对韩国目的地的善意"的测项中，本研究特意加入一个反向的判别测项"我不喜欢韩国旅游目的地"——通过这两个判别性的反向测项来排除那些明显自相矛盾的样本。第二，本研究采用两种方法对数据进行检验。第一种方法是 Harman 的单因子检验法，即对全部构念的测项进行探索性因子分析，如果未旋转之前的第一个因子方差解释率超过50%，表明同源偏差较大。SPSS 18.0 软件分析的结果表明，第一个因子的方差解释率为 31.541%，小于50%，说明数据的同源偏差在可接受的范围之内。第二种方法是检验构念之间的相关系数，如果构念之间的相关系数大于0.9，表明同源偏差较大。由表4-12可知，构念之间的相关系数最大者为0.638，小于0.9，表明本研究的测量数据是可靠的。由以上可知，本研究的数据同源偏差问题不严重。

（4）多重共线性检验。根据 Hair 等（2014）的建议，本研究通过以下两个步骤检验多重共线性。第一步，使用方差膨胀因子（Variance Inflation Factor, VIF）进行多重共线性检验，如果 VIF 大于 5，表明多重共线性问题较严重。数据分析结果显示，构念之间的 VIF 最大者为 1.895，表明变量之间的多重共线性不严重。第二步，本研究采用 Bootstrapping 抽样 5000 次，发现所有问项的外部权重（Outer Weights）均在 $\alpha = 0.05$ 的显著性水平下显著。以上两个步骤表明，变量之间的多重共线性不严重，所有问项均保留。

最后，依据 Hair 等（2014）的建议，偏最小二乘结构方程模型无需检验模型的拟合优度。

2. 内模型

（1）路径系数的显著性检验。根据 Hair 等（2014）的建议，本研究采用 Bootstrapping 抽样 5000 次，得到内模型的路径分析与假设检验结果，如表 4-13 所示。

表 4-13 结构方程模型路径系数的显著性检验

假设	结构方程模型影响路径	路径系数	t 值	p 值	结果
H1a	政治、军事和外交相关原因→消费者对韩国的敌意	0.448	7.360	0.000	显著
H1b	韩国人相关原因→消费者对韩国的敌意	0.371	5.866	0.000	显著
H2a	完善的旅游服务→消费者对韩国目的地的善意	0.272	2.572	0.010	显著
H2b	地理位置接近→消费者对韩国目的地的善意	0.146	2.004	0.045	显著
H2c	优美的风景→消费者对韩国目的地的善意	0.390	4.464	0.000	显著
H3	消费者对韩国的敌意→消费者赴韩旅游意向	-0.282	4.393	0.000	显著
H4	消费者对韩国目的地的善意→消费者赴韩旅游意向	0.531	8.330	0.000	显著
H6	消费者对韩国目的地的矛盾情感态度（主观测量法）→消费者赴韩旅游意向	0.053	0.693	0.488	不显著

注：Bootstrapping 抽样 5000 次，检验类型为双尾检验，显著性水平 $\alpha = 0.05$。

如表 4-13 所示，除了 H6 之外，其他假设均得到支持。使用主观测量法得到的消费者对韩国目的地的矛盾情感态度对赴韩旅游意向的影响不显著。本研究使用 Griffin 公式客观测量法计算产生对韩国目的地的矛盾情感态度，放入结构模型中进行检验，发现：消费者对韩国目的地的矛盾情感态度对赴韩旅游意向的影响也不显著（显著性水平 $\alpha = 0.1$，路径系数 $= 0.077$，t 值 $= 1.328$，p

值=0.184）。使用主观、客观测量法得到的研究结论是一致的，即：消费者对韩国目的地的矛盾情感态度对消费者赴韩旅游意向的影响不显著，H6 没有得到支持。

（2）调节效应检验。所有构面均为反映性测量模型，故本研究使用产品指标计算方法检验调节效应（Hair et al.，2014）。

① 预防调节聚焦的调节效应检验。根据 Hair 等（2014）推荐的方法，本研究使用 SmartPLS v3.2.6 软件生成以预防调节聚焦为调节变量，以消费者对韩国的敌意为自变量，以消费者赴韩旅游意向为因变量的调节效应构念 1（Mean Centered Product Term Gerneration）。本研究检验以消费者对韩国的敌意、消费者对韩国目的地的善意、消费者对韩国目的地的矛盾情感态度、调节效应构念 1 为自变量，以消费者赴韩旅游意向为因变量的影响模型。本研究对此模型进行信度与效度检验，依据文献的要求（Hair et al.，2014），删除掉无效的问项（PVF4、PVF5）。之后，本研究发现：信度、收敛效度和区别效度良好。同时，本研究进行数据同源偏差分析与多重共线性检验，发现：数据同源偏差问题与变量间的多重共线性均不严重。根据文献的建议（Hair et al.，2014），本研究采用 Bootstrapping 抽样 5000 次，得到路径分析与假设检验结果，如表 4-14 所示。

表 4-14　预防调节聚焦的调节效应检验

结构模型路径	路径系数	t 值	p 值	检验结果
调节效应构念1→消费者赴韩旅游意向	-0.047	0.836	0.403	不显著
消费者对韩国的敌意→消费者赴韩旅游意向	-0.282	4.398	0.000	显著
消费者对韩国目的地的善意→消费者赴韩旅游意向	0.487	6.943	0.000	显著
消费者对韩国目的地的矛盾情感态度→消费者赴韩旅游意向	0.075	1.296	0.195	不显著
预防调节聚焦→消费者赴韩旅游意向	-0.025	0.169	0.866	不显著

说明：Bootstrapping 抽样 5000 次，检验类型为双尾检验，显著性水平 $\alpha=0.1$。

如表 4-14 所示，在 $\alpha=0.1$ 的显著性水平下，调节效应构念 1 对消费者赴韩旅游意向的影响不显著，H7a 没有得到支持，这与日本模型的研究结果不同。

② 促进调节聚焦的调节效应检验。根据 Hair 等（2014）推荐的方法，本研究使用 SmartPLS v3.2.6 软件生成以促进调节聚焦为调节变量，以消费者对韩国目的地的善意为自变量，以消费者赴韩旅游意向为因变量的调节效应构念2（Unstandardized Product Term Generation）。本研究检验以消费者对韩国的敌意、消费者对韩国目的地的善意、消费者对韩国目的地的矛盾情感态度、调节效应构念2为自变量，以消费者赴韩旅游意向为因变量的影响模型。本研究对此模型进行信度与效度检验，依据文献的要求（Hair et al.，2014），删除掉无效的问项（PMF2~PMF5）。之后，本研究发现：信度、收敛效度和区别效度良好。同时，本研究进行数据同源偏差分析与多重共线性检验，发现：数据同源偏差问题与变量间的多重共线性均不严重。根据文献的建议（Hair et al.，2014），本研究采用 Bootstrapping 抽样5000次，得到路径分析与假设检验结果，如表4-15所示。

表4-15 促进调节聚焦的调节效应检验

结构模型路径	路径系数	t 值	p 值	检验结果
调节效应构念2→消费者赴韩旅游意向	-0.008	0.340	0.734	不显著
消费者对韩国的敌意→消费者赴韩旅游意向	-0.280	4.403	0.000	显著
消费者对韩国目的地的善意→消费者赴韩旅游意向	0.544	2.411	0.016	显著
消费者对韩国目的地的矛盾情感态度→消费者赴韩旅游意向	0.079	1.349	0.177	不显著
促进调节聚焦→消费者赴韩旅游意向	0.131	0.661	0.509	不显著

说明：Bootstrapping 抽样5000次，检验类型为双尾检验，显著性水平 $\alpha=0.1$。

如表4-15所示，在 $\alpha=0.1$ 的显著性水平下，调节效应构念2对消费者赴韩旅游意向的影响不显著，故 H7b 没有得到支持，这与日本模型的研究结果不同。

（3）总效应检验。总效应检验的结果如表4-16所示。

表4-16 总效应检验

结构模型路径	总效应	t 值	p 值	总效应显著性
促进调节聚焦→消费者赴韩旅游意向	0.167	0.775	0.438	不显著
预防调节聚焦→消费者赴韩旅游意向	-0.035	0.478	0.633	不显著
消费者对韩国的敌意→消费者赴韩旅游意向	-0.272	4.389	0.000	显著

续表

结构模型路径	总效应	t 值	p 值	总效应显著性
消费者对韩国目的地的善意→消费者赴韩旅游意向	0.555	2.471	0.014	显著
消费者对韩国目的地的矛盾情感态度（客观测量法）→消费者赴韩旅游意向	0.075	1.274	0.203	不显著
调节效应构念1→消费者赴韩旅游意向	-0.047	0.865	0.387	不显著
调节效应构念2→消费者赴韩旅游意向	-0.013	0.427	0.669	不显著
政治、军事和外交相关原因→消费者对韩国的敌意	0.450	7.281	0.000	显著
韩国人相关原因→消费者对韩国的敌意	0.368	5.873	0.000	显著
地理位置接近→消费者对韩国目的地的善意	0.146	1.983	0.047	显著
优美的风景→消费者对韩国目的地的善意	0.392	4.499	0.000	显著
完善的旅游服务→消费者对韩国目的地的善意	0.269	2.566	0.010	显著

注：Bootstrapping 抽样 5000 次，检验类型为双尾检验，显著性水平 $\alpha=0.05$；总效用 = 直接效应 + 间接效应。

如表 4-16 所示，消费者对韩国目的地的善意对消费者赴韩旅游意向的正向总效应（0.555）强于消费者对韩国的敌意对消费者赴韩旅游意向的负向总效应（-0.272）。促进调节聚焦、预防调节聚焦、消费者对韩国目的地的矛盾情感态度、调节效应构念 1 和调节效应构念 2 对赴韩旅游意向的总效应均不显著。政治、军事和外交相关原因对消费者对韩国的敌意的总效应（0.450）强于韩国人相关原因（0.368）。优美的风景对消费者对韩国目的地的善意的总效应最强（0.392），其次是完善的旅游服务（0.269），总效应最弱的是地理位置接近性（0.146），基本上证实了前面探索性研究的研究结果。

（4）解释力检验。根据文献的建议（Hair et al., 2014），当研究市场营销问题时，R^2 值为 0.75、0.50 和 0.25，分别表示强、中等和弱的解释力。在本研究构建的结构模型中，消费者对韩国的敌意的 R^2 值为 0.511，消费者对韩国目的地的善意的 R^2 值为 0.460，消费者赴韩旅游意向的 R^2 值为 0.510，这表明模型的解释力尚可。

第四节 美国模型

一、研究假设与研究模型

根据探索性研究的结果（见图4-7与图4-8），本研究提出如下假设。

H1a：政治、外交相关原因正向影响消费者对美国的敌意。

H1b：军事、战争相关原因正向影响消费者对美国的敌意。

H2a：发达的商业经济正向影响消费者对美国目的地的善意。

H2b：美国人的生活方式与心态正向影响消费者对美国目的地的善意。

H2c：优美的风景、迷人的文化正向影响消费者对美国目的地的善意。

与研究一相关部分的论述类似，本研究提出如下假设。

H3：消费者对美国的敌意负向影响消费者赴美旅游意向。

本书把消费者善意的客体延伸到国家/目的地。与研究一相关部分的论述类似，本研究提出如下假设。

H4：消费者对美国目的地的善意正向影响消费者赴美旅游意向。

基于矛盾态度理论，与研究一相关部分的论述类似，本研究提出如下假设。

H5：消费者对美国的敌意与对美国目的地的善意可以同时存在，当两者均达到一定强烈程度时，消费者产生对美国目的地的矛盾情感态度。

与研究一相关部分的论述类似，本研究提出如下假设。

H6：消费者对美国目的地的矛盾情感态度负向影响消费者赴美旅游意向。

与日本模型相关部分的论述类似，本研究提出如下假设。

H7：消费者调节聚焦是消费者对特定国家的敌意与消费者对特定国家目的地的善意对消费者出国旅游决策的影响的边界条件。

H7a：预防调节聚焦对消费者对美国的敌意与消费者赴美旅游意向之间的关系起正向调节作用。

H7b：促进调节聚焦对消费者对美国目的地的善意与消费者赴美旅游意向之间的关系起正向调节作用。

综上所述，本研究构建美国模型，如图 4-11 所示。

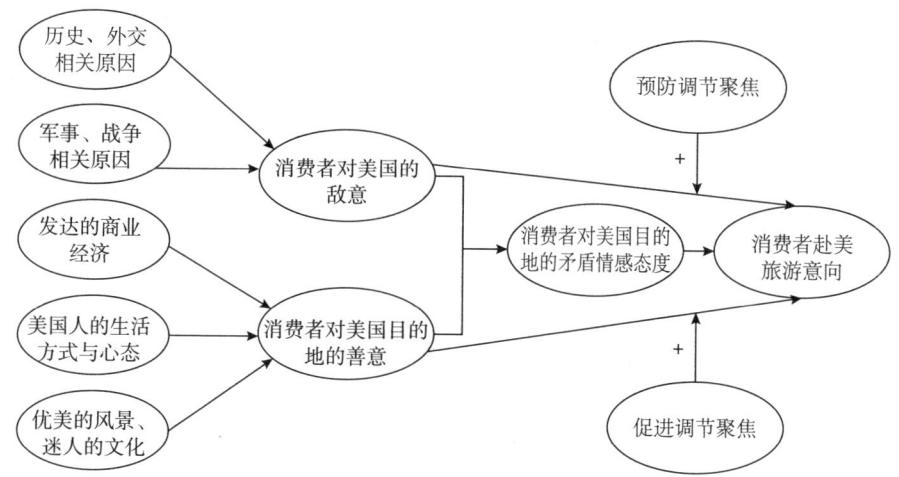

图 4-11 美国模型

二、研究方法

1. 问卷设计

本部分的研究选择美国目的地作为研究对象，面向中国消费者进行问卷调查。

同日本与韩国模型的研究类似，本部分的研究先调查被试者对美国产生敌意的原因以及对美国的敌意；在调查被试者对美国目的地产生善意的原因以及对美国目的地的善意之前，特别提示被试者："请忽略对美国这个国家的消极情感，然后填写下列测项。"

问卷内容如表 4-17 所示（未包括"个人信息"部分）。除了个人信息之外，其他问项均使用 7 点李克特量表，1 表示"完全不同意"；7 表示"完全同意"。问卷中的问项主要来源于现有文献，并根据实际情况进行了修订。

表 4-17 构念、问项及其来源（美国问卷）

构　念	问项	内　容	来　源
政治、外交相关原因	PD1	我不喜欢美国频繁干涉外国政治	Riefler 和 Diamantopoulos（2007）
	PD2	美国利用其经济实力欺负较弱的国家	
	PD3	我对美国的霸权主义很反感	
军事、战争相关原因	MW1	我不喜欢美国卷入战争	Nes et al.（2012）
	MW2	我不喜欢美国的军事行动	
消费者对美国的敌意	ANU1	我对美国感到愤怒	Klein（2002）
	ANU2	我不喜欢美国	
	ANU3	我喜欢美国（反向测项，用于排除）	
发达的商业经济	BE1	美国是世界经济领袖	Wongtada et al.（2012）
	BE2	美国企业非常有竞争力	
	BE3	世界上大部分龙头企业都位于美国	
美国人的生活方式与心态	LSM1	我喜欢美国的生活方式	Nes et al.（2014）
	LSM2	我喜欢美国人积极、主动的心态	
	LSM3	我喜欢美国人轻松、快乐的生活态度	
优美的风景、迷人的文化	BLFC1	我被美国美丽的自然景点所打动	Bernard 和 Zarrouk-Karoui（2014）；Oberecker et al.（2008）
	BLFC2	美国有很多壮丽的景观	
	BLFC3	我欣赏美国的文化	
	BLFC3	美国文化非常有趣	
消费者对美国目的地的善意	AFU1	我喜欢美国旅游目的地	Nes et al.（2014）
	AFU2	我不喜欢美国旅游目的地（反向测项，用于排除）	
	AFU3	我钟爱美国旅游目的地	
促进调节聚焦	PMF1	与大多数人相比，我总是不能得到自己想要的生活（反向测项）	Higgins et al.（2001）
	PMF2	我已完成的事情总是激励我更努力地工作	
	PMF3	我尝试的不同事情总是能做好	
	PMF4	当涉及实现对我重要的事情时，我发现不能像理想中做得那样好（反向测项）	
	PMF5	我感觉在生命中获得成功方面我已取得进展	
	PMF6	我发现在生命中很少有爱好或活动能抓住我的兴趣或激励我付出努力去做（反向测项）	

续表

构　念	问项	内　容	来　源
预防调节聚焦	PVF1	在长大时，我总是"越界"做一些父母不能容忍的事情（反向测项）	Higgins et al.（2001）
	PVF2	当我长大时，我总是让父母神经紧张（反向测项）	
	PVF3	我总是遵守父母制定的规章制度	
	PVF4	在长大时，我的行为方式总让父母有异议（反向测项）	
	PVF5	不够小心总使我陷入麻烦（反向测项）	
消费者对美国目的地的矛盾情感态度（主观测量法）	AAU1	对美国目的地，我感到冲突	Russel et al.（2011）；Priester 和 Petty（1996）
	AAU2	对美国目的地，我有混杂的情感	
	AAU3	对美国目的地，我感到矛盾	
消费者赴美旅游意向	TIU1	我预测未来我会去美国旅游	Lu et al.（2016）
	TIU2	未来我可能会去美国旅游	
	TIU3	我计划未来去美国旅游	

2. 数据收集

数据收集的过程与前面日本、韩国模型的过程类似。问卷调查在 2017 年 10 月至 11 月进行，收回问卷 275 份，通过两个判别性的反向问项（"我喜欢美国"与"我不喜欢美国旅游目的地"）来排除那些明显自相矛盾的样本（黄敏学，等，2015），得到有效问卷 273 份，样本特征如表 4 – 18 所示。

表 4 – 18　有效问卷的样本特征

项　目	分　类	人　数	百分比
是否去过美国	是	36	13.2%
	否	237	86.8%
性别	男性	125	45.8%
	女性	148	54.2%
年龄（岁）	18 以下	11	4.0%
	18 ~ 28	232	85.0%
	29 ~ 40	8	2.9%
	41 ~ 55	18	6.6%
	55 以上	4	1.5%

续表

项 目	分 类	人 数	百分比
月收入（元）	2000 以下	150	54.9%
	2000~4999	61	22.3%
	5000~9999	36	13.2%
	1万~2万	16	5.9%
	2万以上	10	3.7%
平均每年用于旅游的支出（元）	2000 以下	111	40.6%
	2000~4999	65	23.8%
	5000~9999	56	20.5%
	1万~2万	22	8.1%
	2万以上	19	7.0%

3. 统计分析方法

与前面日本模型的理由类似，本研究主要使用 SmartPLS v.3.2.6 软件进行数据分析。在如图 4-11 所示的结构模型中，消费者赴美旅游意向被五个箭头所指到（包括下文要进行的调节效应检验），为所有构念中最多。根据文献的建议（Hair et al.，2014），在 $\alpha=0.05$ 的显著性水平下，要检验出最小 0.10 的 R^2 值，最小样本量为 147 个。本研究针对美国收集到的有效问卷数为 273 份，满足要求。

三、消费者矛盾情感态度的客观测量

本研究计算"消费者对美国的敌意"的三个问项的平均值 Mean（Animosity）=3.996；"消费者对美国目的地的善意"的三个问项的平均值 Mean（Affinity）=4.527。消费者对美国的敌意接近 4 的中间值，消费者对美国目的地的善意大于 4 的中间值，两者均达到一定的强烈程度。根据矛盾态度理论，消费者产生对美国目的地的矛盾情感态度（Maio et al.，2009；Williams，Aaker，2002；黄敏学，等，2010）。Mean（Ambivalence）=3.985（主观测量法），接近于 4 的中间值，表明消费者对美国目的地产生一定程度的矛盾情感态度。本研究运用 Griffin 公式（Thompson et al.，1995）计算消费者对美国目的地的矛盾情感态度，见式（4-1），C 取值为 2。Mean（Ambivalence）=5.184（客观测量法)。本研究运用 SPSS 18.0 进行配对样本 T 检验,发现主观、客观测量法下的消费者对日本目的地的矛盾情感态度的相关系数为 0.443。这表明,运用 Griffin 公式(Thompson et al.,1995)计算消费者对美国目的地的矛盾情感态度较有效(Priester,Petty,1996)。小结以上,H5 在一定程度上得到支持。

四、数据分析

1. 外模型

(1)信度检验。Hulland(1999)建议,问项的因子载荷应大于 0.7 的限制性水平。本研究运用 SmartPLS v.3.2.6 软件进行数据分析,发现:关于"消费者对美国目的地的矛盾情感态度(主观测量法)"的一个问项(AAU2 "对美国目的地,我有混杂的情感")的因子载荷为 0.050,小于 0.7 的限制性水平。当出现这种情况时,Hair 等(2014)建议的处理方法是:①如果问项的因子载荷小于 0.4,则直接删除该问项。②如果问项的因子载荷在 0.4~0.7 之间,可以尝试删除该问项,若删除后该问项所测量构念的平均变异萃取值(AVE)增加至大于 0.5 的限制性水平,且组成信度(CR)增加至大于 0.7 的限制性水平,则删除该问项;反之则保留该问项。依据该处理方法,本研究删除 AAU2,并对剩下的问项进行重新排序。之后,本研究运用 SmartPLS v.3.2.6 软件进行信度检验与收敛效度检验,如表 4-19 所示。

表 4-19 信度检验与收敛效度检验

构念	问项	平均值(标准差)	因子载荷	CR	AVE
政治、外交相关原因	PD1	5.24(1.41)	0.857	0.869	0.688
	PD2	4.91(1.48)	0.767		
	PD3	5.14(1.23)	0.862		
军事、战争相关原因	MW1	5.02(1.33)	0.805	0.866	0.765
	MW2	5.07(1.21)	0.938		
消费者对美国的敌意	ANU1	4.01(1.27)	0.878	0.917	0.787
	ANU2	3.93(1.24)	0.938		
	ANU3	4.04(1.12)	0.842		

续表

构　念	问项	平均值（标准差）	因子载荷	CR	AVE
发达的商业经济	BE1	4.49 (1.33)	0.852	0.869	0.689
	BE2	5.00 (1.08)	0.865		
	BE3	4.53 (1.20)	0.769		
美国人的生活方式与心态	LSM1	4.30 (1.13)	0.743	0.868	0.689
	LSM2	4.95 (1.13)	0.890		
	LSM3	5.11 (1.06)	0.849		
优美的风景、迷人的文化	BLFC1	4.76 (1.11)	0.810	0.856	0.598
	BLFC2	4.89 (1.12)	0.744		
	BLFC3	4.46 (1.03)	0.768		
	BLFC3	4.47 (1.14)	0.769		
消费者对美国目的地的善意	AFU1	4.70 (1.10)	0.928	0.901	0.753
	AFU2	4.60 (1.07)	0.899		
	AFU3	4.28 (0.99)	0.767		
消费者对美国目的地的矛盾情感态度（主观测量法）	AAU1	3.87 (0.97)	0.895	0.848	0.736
	AAU2	3.97 (1.01)	0.819		
消费者赴美旅游意向	TIU1	4.84 (1.19)	0.936	0.947	0.857
	TIU2	4.88 (1.21)	0.909		
	TIU3	4.67 (1.27)	0.932		

如表4-19所示，各构念的 CR 值大于0.7的限制性水平（Hair et al.，2014），这表明量表有良好的信度。

（2）效度检验。①收敛效度。如表4-19所示，各构念的 AVE 均大于0.5的限制性水平（Bagozzi，Yi，1988），这表明量表有良好的收敛效度。②区别效度。每个构念的 AVE 的平方根值均大于它与其他构念的相关系数（Fornell，Larcker，1981），这表明量表有良好的区别效度，如表4-20所示。

表4-20　区别效度检验

构念	构　念								
	BLFC	MW	BE	ANU	AFU	AAU	PD	LSM	TIU
BLFC	0.773								
MW	-0.144	**0.874**							

续表

构念	构念								
	BLFC	MW	BE	ANU	AFU	AAU	PD	LSM	TIU
BE	0.305	0.148	**0.830**						
ANU	-0.258	0.403	-0.036	**0.887**					
AFU	0.733	-0.098	0.308	-0.219	**0.868**				
AAU	-0.155	0.264	0.071	0.521	-0.208	**0.858**			
PD	-0.056	0.580	0.135	0.425	-0.079	0.200	**0.830**		
LSM	0.577	-0.007	0.306	-0.358	0.525	-0.183	-0.080	**0.830**	
TIU	0.534	-0.068	0.217	-0.291	0.668	-0.131	-0.069	0.461	**0.926**

注：①对角线上的粗体数值为各构念的 AVE 的平方根值，其他数值为构念之间的相关系数。②BLFC 指优美的风景、迷人的文化；MW 指军事、战争相关原因；BE 指发达的商业经济；ANU 指消费者对美国的敌意；AFU 指消费者对美国目的地的善意；AAU 指消费者对美国目的地的矛盾情感态度；PD 指政治、外交相关原因；LSM 指美国人的生活方式与心态；TIU 指消费者赴美旅游意向。

（3）数据同源偏差分析。本研究参考黄敏学等（2015）使用的方法进行同源偏差分析。第一，为了避免由同一位调查对象填写问卷造成的同源偏差问题，本研究在某些构念的测项中设置判别性的反向测项。例如，在测量"对美国的敌意"的测项中，本研究特意加入一个反向的判别测项"我喜欢美国"；在测量"对美国目的地的善意"的测项中，本研究特意加入一个反向的判别测项"我不喜欢美国旅游目的地"——通过这两个判别性的反向测项来排除那些明显自相矛盾的样本。第二，本研究采用两种方法对数据进行检验。第一种方法是 Harman 的单因子检验法，即对全部构念的测项进行探索性因子分析，如果未旋转之前的第一个因子方差解释率超过 50%，表明同源偏差较大。SPSS 18.0 软件分析的结果表明，第一个因子的方差解释率为 28.207%，小于 50%，说明数据的同源偏差在可接受的范围之内。第二种方法是检验构念之间的相关系数，如果构念之间的相关系数大于 0.9，表明同源偏差较大。由表 4-20 可知，构念之间的相关系数最大者为 0.733，小于 0.9，表明本研究的测量数据是可靠的。由以上可知，本研究的数据同源偏差问题不严重。

（4）多重共线性检验。根据 Hair 等（2014）的建议，本研究通过以下两个步骤检验多重共线性。第一步，使用方差膨胀因子（Variance Inflation Factor,

VIF)进行多重共线性检验,如果 VIF 大于 5,表明多重共线性问题较严重。数据分析结果显示,构念之间的 VIF 最大者为 1.543,表明变量之间的多重共线性不严重。第二步,本研究采用 Bootstrapping 抽样 5000 次,发现所有问项的外部权重(Outer Weights)均在 $\alpha = 0.05$ 的显著性水平下显著。以上两个步骤表明,变量之间的多重共线性不严重,所有问项均保留。

最后,依据 Hair 等(2014)的建议,偏最小二乘结构方程模型无需检验模型的拟合优度。

2. 内模型

(1)路径系数的显著性检验。根据 Hair 等(2014)的建议,本研究采用 Bootstrapping 抽样 5000 次,得到内模型的路径分析与假设检验结果,如表 4-21 所示。

表 4-21 结构方程模型路径系数的显著性检验

假设	结构方程模型影响路径	路径系数	t 值	p 值	结果
H1a	政治、外交相关原因→消费者对美国的敌意	0.291	4.407	0.000	显著
H1b	军事、战争相关原因→消费者对美国的敌意	0.239	3.785	0.000	显著
H2a	发达的商业经济→消费者对美国目的地的善意	0.080	1.664	0.096	显著
H2b	美国人的生活方式与心态→消费者对美国目的地的善意	0.135	2.182	0.029	显著
H2c	优美的风景、迷人的文化→消费者对美国目的地的善意	0.630	11.844	0.000	显著
H3	消费者对美国的敌意→消费者赴美旅游意向	-0.194	3.789	0.000	显著
H4	消费者对美国目的地的善意→消费者赴美旅游意向	0.644	12.968	0.000	显著
H6	消费者对美国目的地的矛盾情感态度→消费者赴美旅游意向(主观测量法)	0.086	1.841	0.066	显著

注:Bootstrapping 抽样 5000 次,检验类型为双尾检验,显著性水平 $\alpha = 0.1$。

如表 4-21 所示,所有假设在 $\alpha = 0.1$ 的显著性水平下均得到支持。使用 Griffin 公式客观测量法得到的消费者对美国目的地的矛盾情感态度同样显著地正向影响消费者赴美旅游意向(在 $\alpha = 0.1$ 的显著性水平下,路径系数 = 0.089,t 值 = 1.690,p 值 = 0.091)。使用主观、客观测量法得到的研究结论是相同的,即:消费者对美国目的地的矛盾情感态度显著地正向影响消费者赴美旅游意向,这与本研究假设的影响方向不一致,H6 没有得到支持。

（2）调节效应检验。所有构念均为反映性测量模型，本研究使用产品指标计算方法检验调节效应（Hair et al., 2014）。

① 预防调节聚焦的调节效应检验。根据 Hair 等（2014）推荐的方法，本研究使用 SmartPLS v3.2.6 软件生成以预防调节聚焦为调节变量，以消费者对美国的敌意为自变量，以消费者赴美旅游意向为因变量的调节效应构念 1（Mean Centered Product Term Gerneration）。本研究检验以消费者对美国的敌意、消费者对美国目的地的善意、消费者对美国目的地的矛盾情感态度、调节效应构念 1 为自变量，以消费者赴美旅游意向为因变量的影响模型。本研究对此模型进行信度与效度检验，依据文献的要求（Hair et al., 2014），删除掉无效的问项 PVF1、PVF2、PVF5。之后，本研究发现：信度、收敛效度和区别效度较好。同时，本研究进行数据同源偏差分析与多重共线性检验，发现：数据同源偏差问题与变量间的多重共线性均不严重。根据文献的建议（Hair et al., 2014），本研究采用 Bootstrapping 抽样 5000 次，得到路径分析与假设检验结果，如表 4-22 所示。

表 4-22 预防调节聚焦的调节效应检验

结构模型路径	路径系数	t 值	p 值	检验结果
调节效应构念 1→消费者赴美旅游意向	0.007	0.601	0.548	不显著
消费者对美国的敌意→消费者赴美旅游意向	-0.193	3.786	0.000	显著
消费者对美国目的地的善意→消费者赴美旅游意向	0.632	11.967	0.000	显著
消费者对美国目的地的矛盾情感态度→消费者赴美旅游意向	0.089	1.974	0.048	显著
预防调节聚焦→消费者赴美旅游意向	-0.066	1.468	0.142	不显著

说明：Bootstrapping 抽样 5000 次，检验类型为双尾检验，显著性水平 $\alpha = 0.1$。

如表 4-22 所示，在 $\alpha = 0.1$ 的显著性水平下，调节效应构念 1 对赴美旅游意向的影响不显著，H7a 没有得到支持，即预防调节聚焦不能增强消费者对美国的敌意对消费者赴美旅游意向的负向影响。

② 促进调节聚焦的调节效应检验。根据 Hair 等（2014）推荐的方法，本研究使用 SmartPLS v3.2.6 软件生成以促进调节聚焦为调节变量，以消费者对美国目的地的善意为自变量，以消费者赴美旅游意向为因变量的调节效应构念 2

(Unstandardized Product Term Gerneration)。本研究检验以消费者对美国的敌意、消费者对美国目的地的善意、消费者对美国目的地的矛盾情感态度、调节效应构念2为自变量，消费者以赴美旅游意向为因变量的影响模型。本研究对此模型进行信度与效度检验，依据文献的要求（Hair et al., 2014），删除掉无效的问项PMF2、PMF3、PMF5。之后，本研究发现：信度、收敛效度和区别效度良好。同时，本研究进行数据同源偏差分析与多重共线性检验，发现：数据同源偏差问题与变量间的多重共线性均不严重。根据文献的建议（Hair et al., 2014），本研究采用Bootstrapping抽样5000次，得到路径分析与假设检验结果，如表4-23所示。

表4-23 促进调节聚焦的调节效应检验

结构模型路径	路径系数	t 值	p 值	检验结果
调节效应构念2→消费者赴美旅游意向	-0.021	0.742	0.458	不显著
消费者对美国的敌意→消费者赴美旅游意向	-0.190	3.771	0.000	显著
消费者对美国目的地的善意→消费者赴美旅游意向	0.738	5.551	0.000	显著
消费者对美国目的地的矛盾情感态度→消费者赴美旅游意向	0.090	1.933	0.053	显著
促进调节聚焦→消费者赴美旅游意向	0.159	0.834	0.405	不显著

说明：Bootstrapping抽样5000次，检验类型为双尾检验，显著性水平 $\alpha = 0.1$。

如表4-23所示，在 $\alpha = 0.1$ 的显著性水平下，调节效应构念2对消费者赴美旅游意向的影响不显著，H7b没有得到支持，即促进调节聚焦不能增强消费者对美国目的地的善意对消费者赴美旅游意向的正向影响。

（3）总效应检验。总效应检验结果如表4-24所示。

表4-24 总效应检验

结构模型路径	总效应	t 值	p 值	总效应显著性
促进调节聚焦→消费者赴美旅游意向	0.173	0.784	0.433	不显著
预防调节聚焦→消费者赴美旅游意向	-0.069	1.501	0.133	不显著
消费者对美国的敌意→消费者赴美旅游意向	-0.189	3.607	0.000	显著
消费者对美国目的地的善意→消费者赴美旅游意向	0.736	5.336	0.000	显著
消费者对美国目的地的矛盾情感态度→消费者赴美旅游意向	0.091	1.998	0.046	显著

续表

结构模型路径	总效应	t 值	p 值	总效应显著性
调节效应构念1→消费者赴美旅游意向	0.005	0.471	0.638	不显著
调节效应构念2→消费者赴美旅游意向	-0.024	0.681	0.496	不显著
军事、战争相关原因→消费者对美国的敌意	0.243	3.791	0.000	显著
政治、外交相关原因→消费者对美国的敌意	0.290	4.484	0.000	显著
发达的商业经济→消费者对美国目的地的善意	0.079	1.636	0.102	不显著
优美的风景、迷人的文化→消费者对美国目的地的善意	0.631	11.759	0.000	显著
美国人的生活方式与心态→消费者对美国目的地的善意	0.136	2.193	0.028	显著

注：Bootstrapping 抽样5000次，检验类型为双尾检验，显著性水平 $\alpha = 0.05$；总效用 = 直接效应 + 间接效应。

如表4-24所示，消费者对美国目的地的善意对消费者赴美旅游意向的正向总效应（0.736）强于消费者对美国的敌意对消费者赴美旅游意向的负向总效应（-0.189）；消费者对美国目的地的矛盾情感态度对消费者赴美旅游意向的总效应是正向的，这与本研究的假设不一致，但该影响很弱（0.091）。预防调节聚焦、促进调节聚焦、调节效应构念1和调节效应构念2对消费者赴美旅游意向的总效应不显著。政治、外交相关原因对消费者对美国的敌意的总效应（0.290）强于军事、战争相关原因（0.243）。优美的风景、迷人的文化对消费者对美国目的地的善意的总效应最强（0.631），其次是美国人的生活方式与心态（0.136），而发达的商业经济的总效应不显著。发达的商业经济可能是消费者对美国产生善意的原因，但不是消费者对美国目的地产生善意的主要原因，这与前述探索性研究的研究结果略有不同。

(4) 解释力检验。根据文献的建议（Hair et al., 2014），当研究市场营销问题时，R^2 值为0.75、0.50和0.25，分别表示强、中等和弱的解释力。在本研究构建的结构模型中，对美国的敌意的 R^2 值为0.280，对美国目的地的善意的 R^2 值为0.567，赴日旅游意向的 R^2 值为0.499，这表明模型的解释力尚可。

第五节 研究结论与讨论

综合日本模型、韩国模型和美国模型的研究结果,研究二得出如下研究结论。

第一,定性研究与定量研究的研究结果均表明:消费者对不同国家产生敌意的原因不一样;对不同国家目的地产生善意的原因也存在差异。

中国消费者对日本产生敌意的原因主要有:历史、战争和军事相关原因(最重要的原因);政治、外交相关原因(第二重要的原因)。中国消费者对日本目的地产生善意的原因主要有:优美的风景(最重要的原因);人民及其生活方式(第二重要的原因);迷人的文化(第三重要的原因)。

中国消费者对韩国产生敌意的原因主要有:政治、军事和外交相关原因(最重要的原因);韩国人相关原因(第二重要的原因)。中国消费者对韩国目的地产生善意的原因主要有:优美的风景(最重要的原因);完善的旅游服务(第二重要原因);地理位置接近性(第三重要的原因)。

中国消费者对美国产生敌意的原因主要有:政治、外交相关原因(最重要的原因);军事、战争相关原因(第二重要的原因)。对美国目的地产生善意的原因主要有:优美的风景、迷人的文化(最重要的原因);美国人的生活方式与心态(第二重要的原因);相对不太重要的原因是发达的商业经济。发达的商业经济可能使消费者对美国产生善意,但难以让消费者对美国目的地产生善意。

综合日本、韩国和美国模型来看,使中国消费者对日本、韩国和美国目的地产生善意的最重要原因均为优美的风景。可见,优美的风景是使消费者对特定国家目的地产生积极情感的最重要原因,消费者出国旅游的主要目的还是去看风景。

现有文献认为经济相关原因是消费者对特定国家产生敌意的重要原因之一(Ang et al., 2004; Klein et al., 1998; Riefler, Diamantopoulos, 2007)。研究二没有得出这样的研究结论。原因可能有如下两方面:第一,消费者对不同目标国产生敌意的原因存在差异(Riefler, Diamantopoulos, 2007; Sánchez et al., 2016); 第二, 两国之间的经济摩擦常常引发情境性敌意, 而不是稳定性敌意 (Lee, Lee, 2013; Nisco et al., 2016)。研究二以中国消费者对日本、韩国和美国作为研究对象, 中国与日、韩、美三国在近期没有爆发大规模的经济摩擦, 因此经济相关原因没有成为中国消费者对日、韩、美三国产生敌意的主要原因。未来的研究可以使用实验设计法, 激发消费者对特定国家的情境性经济敌意, 以进一步扩展与补充本书的研究结论。

本书将消费者善意的客体延伸到特定国家/目的地, 进一步丰富了消费者善意的内涵。同时, 本书进一步补充与完善了关于消费者敌意与消费者善意的引致因素的研究。借鉴上述研究成果, 中国政府、旅游管理机构和旅行社在对特定国家的消费者实施营销方案之前, 应开展大规模调研, 即时掌握该国消费者对中国目的地的善意/敌意的强烈程度及其引致因素的动态变化, 从而"有的放矢"地进行跨国旅游营销。此外, 由于消费者对多个国家产生善意的最重要原因均为优美的风景, 中国旅游管理者可参考研究一的管理决策建议, 向国际消费者不断传播中国优美的风景。

第二, 研究一与研究二的研究结果均表明: 消费者对特定国家/目的地的善意对消费者赴目标国旅游意向的正向总效应要强于消费者对该国的敌意的负向总效应。这说明: 当消费者进行出国旅游决策时, 更关注自己对特定国家/目的地的长期稳定性积极情感, 而其对特定国家的长期稳定性消极情感的作用相对较弱。该研究结论为现实中的矛盾现象提供了良好的理论解释(消费者对特定国家的敌意阻止不了他/她们赴该国家目的地旅游的热情)。然而, 当两国之间爆发激烈的冲突时, 短期情境性积极情感与消极情感的作用孰强孰弱? 建议未来的研究使用实验设计法对这一问题进行探索。

第三, 使用矛盾态度的主观、客观测量法得到的研究结果较为接近, 结果表明: 当消费者对特定国家(日本、韩国和美国)持有较强烈的敌意, 但同时又对该国家作为目的地持有较强烈的善意时, 会产生对该国家目的地的矛盾情感态度。对比第三章与第四章的研究结果可以发现: 消费者对特定国家的矛盾情感态度与消费者对特定国家目的地的矛盾情感态度的效应不同。前者显著地负向影响消费者赴目标国旅游意向, 且影响力较强; 后者正向影响消费者赴目标国旅游意向, 但这一影响为边界显著(显著性水平 $\alpha=0.1$), 且影响力较弱。这表明, 消费者的"爱恨交织"矛盾情感态度主要发生在国家层面, 而在国家目的地层面上的程度及其作用均较弱。

研究一与研究二将消费者矛盾态度的客体从微观层面的商品、品牌和电商等延伸到宏观层面的国家与国家目的地,进一步明晰了消费者对特定国家/目的地的矛盾情感态度的形成机理,进一步补充与丰富了矛盾态度理论;将矛盾态度理论的应用范围从解释消费者购买决策延伸到解释消费者旅游决策,进一步扩展了矛盾态度理论在国际旅游营销研究领域的应用。

研究结果表明:消费者对特定国家目的地的矛盾态度对消费者出国旅游决策的影响较弱(研究二的研究结果);但消费者对特定国家的矛盾情感态度对消费者赴该国旅游意向的负向影响较强(研究一的研究结果)。因此,建议中国政府、旅游管理机构和旅行社主要参考研究一的"管理决策启示"部分,鼓励外国游客来华旅游后在互联网上传播对中国的正面口碑,降低国际消费者对中国的矛盾情感态度,从而提高国际消费者来华旅游意向。

第四,对于日本模型,预防调节聚焦能够增强消费者对特定国家的敌意对消费者赴目标国家目的地旅游意向的负向影响;促进调节聚焦能够增强消费者对特定国家目的地的善意对消费者赴目标国家目的地旅游意向的正向影响。然而,对于韩国与美国模型,上述调节作用不显著。

调节聚焦对消费者对特定国家/目的地的敌意/善意与消费者赴目标国旅游意向之间的关系的调节作用较弱,这可能是因为本研究测量的是消费者的长期稳定性调节聚焦(Higgins et al., 2001)。建议未来的研究使用实验法,启动消费者的短期情境性促进/预防调节聚焦,以进一步验证与完善本研究的研究结论。

上述研究成果进一步扩展了调节聚焦理论在国际旅游营销研究领域的应用。中国旅游管理者可以选择合适的营销素材,以启动国际消费者的促进调节聚焦(张黎,等,2011),从而增强国际消费者对中国目的地的善意对国际消费者来华旅游决策的正面影响。例如,用营销传播素材唤起消费者儿童时代的梦想与渴望,以及现在的梦想与渴望(Pham, Avnet, 2004;张黎,等,2011);在营销传播素材中,使用"关于成就、获利、追求、实现、兴旺、进步、胜利、雄心、赢得、成功、奋斗和繁荣"等的场景与词汇——通过以上方式,以启动消费者的促进调节聚焦(Lockwood et al., 2002;Sengupta, Zhou, 2007;Wan et al., 2009;张黎,等,2011)。同时,避免激发消费者的预防调节聚焦,以防增强国际消费者对中国的敌意对国际消费者来华旅游决策的负向影响。例如,在营销传播素材中,避免唤醒消费者儿童时代与现在的责任与义务(Pham,Avnet,2004);避免使用"损失、确保、避免、预防、惨败、拒绝、谨慎、错误、安全、挣扎、挫折和失败"等场景与词汇,从而防止启动消费者的预防调节聚焦。

第五章 结 论

总结全书，本书的创新之处在于以下三个方面。

第一，现有文献独自探索消费者敌意与善意对消费者决策的影响。本书同时探索消费者敌意与善意对消费者决策的共同影响，将消费者对特定国家/目的地的消极与积极态度联系起来。现有文献聚焦于消费者敌意与善意对消费者购买决策的影响，本书探索消费者敌意与善意对消费者出国旅游决策的影响，将两个概念引入国际旅游营销研究领域。同时，本书研究多个客体（中国消费者对日本/韩国/美国目的地），探索消费者对不同的国家/目的地产生敌意/善意的原因。以上是本书的创新之一。

第二，本书将矛盾态度理论引入国际旅游营销研究领域，当消费者对特定国家/目的地的敌意与善意均达到一定强烈程度时，产生对该国家/目的地的矛盾情感态度。现有文献聚焦于消费者矛盾态度对消费者购买决策的影响，矛盾态度的客体是微观层面的商品、品牌和电商等。本书以宏观层面的国家/目的地作为矛盾态度的客体，探索消费者矛盾情感态度的形成机理及其对消费者出国旅游决策的影响机制。以上是本书的创新之二。

第三，现有文献很少探讨消费者敌意与善意对消费者出国旅游决策的影响的边界条件。在选择调节变量时，本书从两方面考虑：一是消费者善意（积极情感）与敌意（消极情感）的内涵；二是现实中的矛盾现象（消费者对文化相似国的敌意阻止不了他/她们赴这些国家旅游的热情）。基于此，本书以目的地特征（目标国-母国文化接近性）和消费者心理特质（调节聚焦：促进调节聚焦/预防调节聚焦）两方面相关的构念作为调节变量。本书探索消费者矛盾态度的形成及其对消费者出国旅游决策影响的边界条件。以上是本书的创新之三。

本书将为中国政府、旅游管理机构和旅行社共同打造强势"国家目的地品牌",提升中国的国家品牌资产,以进一步吸引国际消费者来华旅游消费提供理论参考。具体的管理决策建议见第三章与第四章的"研究结论与讨论"部分的相关论述,此处不再重复。

参考文献

[1] AGARWAL S, TEAS R K. Perceived value: mediating role of perceived risk [J]. Journal of Marketing Theory & Practice, 2001, 9 (4): 1 – 14.

[2] AJZEN I. From intentions to actions: a theory of planned behavior [M] //Action Control. Springer Berlin Heidelberg, 1985.

[3] ANG S H, JUNG K, KAU A K, et al. Animosity towards economic giants: what the little guys think [J]. Journal of Consumer Marketing, 2004, 21 (3): 190 – 207.

[4] AQUEVEQUE C. Extrinsic cues and perceived risk: the influence of consumption situation [J]. Journal of Consumer Marketing, 2006, 23 (5): 237 – 247.

[5] ASSERAF Y, SHOHAM A. Destination branding: the role of consumer affinity [J]. Journal of Destination Marketing & Management, 2016 (6): 1 – 10.

[6] ASSERAF Y, SHOHAM A. The "tug of war" model of foreign product purchases [J]. European Journal of Marketing, 2016, 50 (3/4): 550 – 574.

[7] BALABANIS G, DIAMANTOPOULOS A, MUELLER R D, et al. The impact of nationalism, patriotism and internationalism on consumer ethnocentric tendencies [J]. Journal of International Business Studies, 2001, 32 (1): 157 – 175.

[8] BEARDEN W O, ETZEL M J. Reference group influence on product and brand purchase decisions [J]. Journal of Consumer Research, 1982, 9 (2): 183 – 194.

[9] BECKEN S, JIN X, ZHANG C, et al. Urban air pollution in China: destination image and risk perceptions [J]. Journal of Sustainable Tourism, 2017, 25 (1): 134 – 147.

[10] BERNARD Y, ZARROUK – KAROUI S. Reinforcing willingness to buy and to pay due to consumer affinity towards a foreign country [J]. International Management Review, 2014, 10 (2): 57 – 67.

[11] BOO S, BUSSER J, BALOGLU S. A model of customer – based brand equity and its appli-

cation to multiple destinations [J]. Tourism Management, 2009, 30 (2): 219-231.

[12] BREWER M B. The importance of being we: human nature and intergroup relations [J]. American Psychologist, 2007, 62 (8): 726-738.

[13] CAKICI N M, SHUKLA P. Country-of-origin misclassification awareness and consumers' behavioral intentions: moderating roles of consumer affinity, animosity, and product knowledge [J]. International Marketing Review, 2017, 34 (3): 354-376.

[14] CHEW E Y T, JAHARI S A. Destination image as a mediator between perceived risks and revisit intention: a case of post-disaster Japan [J]. Tourism Management, 2014, 40 (2): 382-393.

[15] DIDONATO T E, ULLRICH J, KRUEGER J I. Social perception as induction and inference: an integrative model of intergroup differentiation, ingroup favoritism, and differential accuracy [J]. Journal of Personality & Social Psychology, 2011, 100 (1): 66-83.

[16] ETTENSON R, KLEIN J G. The fallout from French nuclear testing in the South Pacific [J]. International Marketing Review, 2005, 22 (2): 199-224.

[17] HAIR JR J F, HULT G T M, RINGLE C, et al. A primer on partial least squares structural equation modeling (PLS-SEM) [M]. Los Angeles: Sage Publications, 2014.

[18] HANKINSON G. Destination brand images: a business tourism perspective [J]. Journal of Services Marketing, 2013, volume 19 (1): 24-32.

[19] HÄNZE M. Ambivalence, conflict, and decision making: attitudes and feelings in Germany towards NATO's military intervention in the Kosovo War [J]. European Journal of Social Psychology, 2001, 31 (6): 693-706.

[20] HARMELING C M, MAGNUSSON P, SINGH N. Beyond anger: a deeper look at consumer animosity [J]. Journal of International Business Studies, 2015, 46 (6): 1-18.

[21] HIGGINS E T, FRIEDMAN R S, HARLOW R E, et al. Achievement orientations from subjective histories of success: promotion pride versus prevention pride [J]. European Journal of Social Psychology, 2001, 31 (1): 3-23.

[22] HIGGINS E T. Beyond pleasure and pain [J]. American Psychologist, 1997, 52 (12): 1280-1300.

[23] HOSANY S, EKINCI Y, UYSAL M. Destination image and destination personality: an application of branding theories to tourism places [J]. Journal of Business Research, 2006, 59 (5): 638-642.

[24] HUANG W J, CHEN C C, LIN Y H. Cultural proximity and intention to visit: destination

image of Taiwan as perceived by mainland chinese visitors [J]. Journal of Destination Marketing & Management, 2013, 2 (3): 176 – 184.

[25] HUANG Y A, PHAU I, LIN C. Consumer animosity, economic hardship, and normative influence: how do they affect consumers' purchase intention? [J]. European Journal of Marketing, 2010, 44 (7/8): 909 – 937.

[26] HUI C M, FOK H K, BOND M H. Who feels more ambivalence? linking dialectical thinking to mixed emotions [J]. Personality & Individual Differences, 2009, 46 (4): 493 – 498.

[27] JIMÉNEZ N H, MARTÍN S S. The role of country – of – origin, ethnocentrism and animosity in promoting consumer trust: the moderating role of familiarity [J]. International Business Review, 2010, 19 (1): 34 – 45.

[28] JIN C H, VILLEGAS J. Consumer responses to advertising on the internet: the effect of individual difference on ambivalence and avoidance [J]. Cyber Psychology & Behavior, 2007, 10 (2): 258 – 266.

[29] JONAS K, DIEHL M, BRÖMER P. Effects of attitudinal ambivalence on information processing and attitude – intention consistency [J]. Journal of Experimental Social Psychology, 1997, 33 (2): 190 – 210.

[30] JONAS K, BROEMER P, DIEHL M. Attitudinal ambivalence [J]. European Review of Social Psychology, 2000, 11 (1): 35 – 74.

[31] KAPLAN K J. On the ambivalence – indifference problem in attitude theory and measurement: a suggested modification of the semantic differential technique [J]. Psychological Bulletin, 1972, 77 (5): 361 – 372.

[32] KATSIKEAS C, PAPADOPOULOS N, BANNA A E, et al. Old country passions: an international examination of country image, animosity, and affinity among ethnic consumers [J]. Journal of International Marketing, 2017, 25 (3): 61 – 82.

[33] KIM J H. The impact of memorable tourism experiences on loyalty behaviors: the mediating effects of destination image and satisfaction [J]. Journal of Travel Research, 2017.

[34] KLEIN J G, ETTENSON R, MORRIS M D. The animosity model of foreign product purchase: an empirical test in the people's republic of china [J]. Journal of Marketing, 1998, 62 (1): 89 – 100.

[35] KLEIN J G. Us versus them, or us versus everyone? delineating consumer aversion to foreign goods [J]. Journal of International Business Studies, 2002, 33 (2): 345 – 363.

[36] KONECNIK M, GARTNER W C. Customer – based brand equity for a destination [J]. An-

nals of Tourism Research, 2007, 34 (2): 400 – 421.

[37] LEE R, LEE K T, LI J. A Memory theory perspective of consumer ethnocentrism and animosity [J]. European Journal of Marketing, 2017, 51 (7/8): 1266 – 1285.

[38] LEE R, LEE K T. The longitudinal effects of a two – dimensional consumer animosity [J]. Journal of Consumer Marketing, 2013, 30 (3): 273 – 282.

[39] LOCKWOOD P, JORDAN C H, KUNDA Z. Motivation by positive and negative role models: regulatory focus determines who will best inspire us [J]. Journal of Personality and Social Psychology, 2002, 83 (4): 854 – 864.

[40] LU J Y, KAM H, WANG L, et al. Do perceptions of time affect outbound – travel motivations and intention? an investigation among chinese seniors [J]. Tourism Management, 2016 (53): 1 – 12.

[41] MA J, WANG S, HAO W. Does cultural similarity matter? extending the animosity model from a new perspective [J]. Journal of Consumer Marketing, 2012, 29 (5): 319 – 332.

[42] MAHER A A, MADY S. Animosity, subjective norms, and anticipated emotions during an international crisis [J]. International Marketing Review, 2010, 27 (6): 630 – 651.

[43] MITCHELL V. Consumer perceived risk: conceptualisations and models [J]. European Journal of Marketing, 1999, 33 (1/2): 163 – 195.

[44] MOODY G D, GALLETTA D F, LOWRY P B. When trust and distrust collide online: the engenderment and role of consumer ambivalence in online consumer behavior [J]. Electronic Commerce Research & Applications, 2014, 13 (4): 266 – 282.

[45] MYERS D G. Social Psychology (11th Edition) [M]. New York City: McGraw – Hill, 2013.

[46] NES E B, YELKUR R, SILKOSET R. Consumer affinity for foreign countries: construct development, buying behavior consequences and animosity contrasts [J]. International Business Review, 2014, 23 (4): 774 – 784.

[47] NES E B, YELKUR R, SILKOSET R. Exploring the animosity domain and the role of affect in a cross – national context [J]. International Business Review, 2012, 21 (5): 751 – 765.

[48] NISCO A D, MAINOLFI G, MARINO V, et al. Effect of economic animosity on consumer ethnocentrism and product – country images: a binational study on the perception of Germany during the Euro crisis [J]. European Management Journal, 2016, 34 (1): 59 – 68.

[49] OBERECKER E M, DIAMANTOPOULOS A. Consumers' emotional bonds with foreign countries: does consumer affinity affect behavioral intentions? [J]. Journal of International Mar-

keting, 2011, 19 (2): 45 - 72.

[50] OBERECKER E M, RIEFLER P, DIAMANTOPOULOS A. The consumer affinity construct: conceptualization, qualitative investigation, and research agenda [J]. Journal of International Marketing, 2008, 16 (3): 23 - 56.

[51] OLSEN S O, WILCOX J, OLSSON U. Consequences of ambivalence on satisfaction and loyalty [J]. Psychology & Marketing, 2005, 22 (3): 247 - 269.

[52] OTNES C C, LOWREY T M, SHRUM L J. Toward an understanding of consumer ambivalence [J]. Journal of Consumer Research, 1997, 24 (1): 80 - 93.

[53] PANG J, KEH H T, LI X, et al. "Every coin has two sides": the effects of dialectical thinking and attitudinal ambivalence on psychological discomfort and consumer choice [J]. Journal of Consumer Psychology, 2017, 27 (2): 218 - 230.

[54] PAPADOPOULOS N, BANNA A E, MURPHY S A. Old country passions: an international examination of country image, animosity, and affinity among ethnic consumers [J]. Journal of International Marketing, 2017, 25 (3): 61 - 82.

[55] PENG K, NISBETT R E. Culture, dialectics, and reasoning about contradiction [J]. American Psychologist, 1999, 54 (9): 741 - 754.

[56] PENZ E, HOGG M K. The role of mixed emotions in consumer behaviour: investigating ambivalence in consumers' experiences of approach - avoidance conflicts in online and offline settings [J]. European Journal of Marketing, 2011, 45 (1): 104 - 132.

[57] PERPIÑA L, CAMPRUBÍ R, PRATS L. Destination image versus risk perception [J]. Journal of Hospitality & Tourism Research, 2017.

[58] PHAM M T, AVNET T. Ideals and oughts and the reliance of affect versus substance in persuasion [J]. Journal of Consumer Research, 2004, 30 (4): 503 - 518.

[59] PRIESTER J R, PETTY R E. The gradual threshold model of ambivalence: relating the positive and negative bases of attitudes to subjective ambivalence [J]. Journal of Personality & Social Psychology, 1996, 71 (3): 431 - 449.

[60] PROMSIVAPALLOP P, KANNAOVAKUN P. A Comparative assessment of destination image, travel risk perceptions and travel intention by young travelers across three asean countries: a study of german students [J]. Asia Pacific Journal of Tourism Research, 2017, 22 (6): 634 - 650.

[61] QU H, KIM L H, IM H H. A model of destination branding: integrating the concepts of the branding and destination image [J]. Tourism Management, 2011, 1 (4): 465 - 476.

[62] RIEFLER P, DIAMANTOPOULOS A. Consumer animosity: a literature review and a reconsideration of its measurement [J]. International Marketing Review, 2007, 24 (1): 87-119.

[63] RUSSELL C A, RUSSELL D W, KLEIN J. Ambivalence toward a country and consumers' willingness to buy emblematic brands: the differential predictive validity of objective and subjective ambivalence measures on behavior [J]. Marketing Letters, 2011, 22 (4): 357-371.

[64] SÁNCHEZ M, CAMPO S, ALVAREZ M D. The effect of animosity on the intention to visit tourist destinations [J]. Journal of Destination Marketing & Management, 2016.

[65] SEDERA D, LOKUGE S, ATAPATTU M, et al. Likes—the key to my happiness: the moderating effect of social influence on travel experience [J]. Information & Management, 2017 (54): 825-836.

[66] SENGUPTA J, ZHOU R. Understanding impulsive eaters' choice behaviors: the motivational influence of regulatory focus [J]. Journal of Marketing Research, 2007, 44 (2): 297-308.

[67] SHIMP T A, SHARMA S. Consumer ethnocentrism: construction and validation of the CETSCALE [J]. Journal of Marketing Research, 1987, 24 (3): 280-289.

[68] SIPILÄ J, HEROLD K, TARKIAINEN A, et al. The influence of word-of-mouth on attitudinal ambivalence during the higher education decision-making process [J]. Journal of Business Research, 2017.

[69] SIPILÄ J, SUNDQVIST S, TARKIAINEN A. Winding paths: ambivalence in consumers' buying processes [J]. Journal of Consumer Behaviour, 2017, 16 (6): 1-20.

[70] SMITH H J, TYLER T R. Choosing the right pond: the impact of group membership on self-esteem and group-oriented behavior [J]. Journal of Experimental Social Psychology, 1997, 33 (2): 146-170.

[71] SOLOMON M R. Consumer behavior: buying, having, and being (11E) [M]. New Jersey: Pearson Education, 2015

[72] STEVEN PIKE. Consumer-based brand equity for destinations [J]. Journal of Travel & Tourism Marketing, 2007, 22 (1): 51-61.

[73] STYLOS N, VASSILIADIS C A, BELLOU V, et al. Destination images, holistic images and personal normative beliefs: predictors of intention to revisit a destination [J]. Tourism Management, 2016 (53): 40-60.

[74] SU H J, HUANG Y A, BRODOWSKY G, et al. The impact of product placement on tv-

induced tourism: Korean tv dramas and Taiwanese viewers [J]. Tourism Management, 2011, 32 (4): 805 – 814

[75] THOMPSON M M, ZANNA M P. The conflicted individual: personality – based and domain specific antecedents of ambivalent social attitudes [J]. Journal of Personality, 1995, 63 (2): 259 – 288.

[76] TURNER J C, HOGG M A, OAKES P J, et al. Rediscovering the social group: a self – categorization theory [J]. British Journal of Social Psychology, 1987, 26 (4): 347 – 348.

[77] WAN E W, HONG J, STERNTHAL B. The effect of regulatory orientation and decision strategy on brand judgements [J]. Journal of Consumer Research, 2009, 35 (6): 1026 – 1038.

[78] WANG H, BATRA R, CHEN Z. The moderating role of dialecticism in consumer responses to product information [J]. Journal of Consumer Psychology, 2016, 26 (3): 381 – 394.

[79] WEIYUE WANG, HONGWEI HE, YAN LI. Animosity and willingness to buy foreign products: moderating factors in decision – making of chinese consumers [J]. Asia Pacific Business Review, 2013, 19 (1): 32 – 52.

[80] WHANG H, YONG S H, EUNJU K. Pop culture, destination images, and visit intentions: theory and research on travel motivations of Chinese and Russian tourists [J]. Journal of Business Research, 2016, (69): 631 – 641.

[81] WONGTADA N, RICE G, BANDYOPADHYAY S K. Developing and validating affinity: a new scale to measure consumer affinity toward foreign countries [J]. Journal of International Consumer Marketing, 2012, 24 (3): 147 – 167.

[82] ZHANG H M, XU F F, HOHON L, et al. The influence of destination – country image on prospective tourists' visit intention: testing three competing models [J]. Asia Pacific Journal of Tourism Research, 2015 (7): 1 – 25.

[83] ZHANG H, FU X, CAI L A, et al. Destination image and tourist loyalty: a meta – analysis [J]. Tourism Management, 2014, 40 (1): 213 – 223.

[84] ZHANG J, WU B, MORRISON A M, et al. How country image affects tourists destination evaluations: a moderated mediation approach [J]. Journal of Hospitality & Tourism Research, 2016.

[85] 单春玲, 赵含宇. 网络口碑对消费者态度的影响路径研究——基于矛盾态度视角 [J]. 软科学, 2017, 31 (4): 108 – 111.

[86] 董建新. 旅游目的地品牌构建 [J]. 经济问题探索, 2008 (8): 129 – 132.

[87] 范孝雯,史冰,王海忠,等. 消费者敌意对青少年国产品牌购买意愿的影响机制 [J]. 营销科学学报, 2013, 9 (3): 96-105.

[88] 冯小亮,黄敏学,张音. 矛盾消费者的态度更容易受外界影响吗——不同态度成分的变化差异性研究 [J]. 南开管理评论, 2013, 16 (1): 92-101.

[89] 高海霞,张敏. 消费者矛盾态度研究综述与展望 [J]. 外国经济与管理, 2016, 38 (2): 62-74.

[90] 郭功星,周星,涂红伟. 消费者敌意、自我效能与旅游意愿——基于对青少年出境旅游市场的实证研究 [J]. 旅游学刊, 2016, 31 (2): 44-52.

[91] 郭功星,周星,涂红伟. 消费者敌意研究脉络梳理及未来展望 [J]. 外国经济与管理, 2014, 36 (6): 51-59.

[92] 郭功星,周星. 消费者善意研究综述及展望 [J]. 外国经济与管理, 2016, 38 (1): 76-86.

[93] 郭英之,陈芸,黄剑锋,等. 基于多维交互决策树模型的赴日旅游意愿研究 [J]. 旅游学刊, 2015, 30 (1): 42-53.

[94] 郭英之. 基于文化软实力的旅游目的地品牌文化营销 [J]. 旅游学刊, 2013, 28 (1): 18-20.

[95] 郭永锐,陶犁,冯斌. 国外旅游目的地品牌研究综述 [J]. 人文地理, 2011 (3): 147-153.

[96] 黄敏学,冯小亮,谢亭亭. 消费者态度的新认知:二元化的矛盾态度 [J]. 心理科学进展, 2010, 18 (6): 987-996.

[97] 黄敏学,廖俊云,周南. 社区体验能提升消费者的品牌忠诚吗——不同体验成分的作用与影响机制研究 [J]. 天津:南开管理评论, 2015, 18 (3): 151-160.

[98] 黄敏学,王艺婷,廖俊云,等. 评论不一致性对消费者的双面影响:产品属性与调节定向的调节 [J]. 心理学报, 2017, 49 (3): 370-382.

[99] 黄敏学,谢亭亭,冯小亮. 矛盾的消费者是如何解读多元化口碑信息的? [J]. 心理学报, 2010, 42 (10): 998-1010.

[100] 刘力,陈浩,韦瑛. 文化接近性对潜在游客目的地态度和旅游意向的影响研究——基于自我一致性理论视角 [J]. 资源科学, 2014, 36 (5): 1062-1072.

[101] 刘丽娟,李天元. 国外旅游目的地品牌化研究现状与分析 [J]. 人文地理, 2012 (2): 26-31.

[102] 刘龙珠,胡赛全,赵小华,等. 决策过程后悔还是结果后悔?——调节聚焦对后悔类型的影响 [J]. 中国软科学, 2013 (12): 173-184.

[103] 陆朋. 基于游客感知的旅游目的地品牌形象研究——以湖北省武汉市为例 [J]. 社会科学家, 2015 (5): 94-98.

[104] 罗勇, 周庭锐, 唐春勇, 等. 情境性调节定向对新产品沟通效果的影响研究 [J]. 管理世界, 2013 (1): 184-185.

[105] 潘晓波, 黄卫来, 蔡淑琴. 反转负面追加评价与在线消费者态度矛盾性 [J]. 科研管理, 2017, 38 (4): 104-112.

[106] 潘晓波, 黄卫来. 消费者矛盾性对正面在线口碑信息处理的影响 [J]. 管理学报, 2015, 12 (3): 446-457.

[107] 潘晓波. 在线消费者初步态度矛盾性与口碑信息处理研究 [M]. 武汉: 武汉大学出版社, 2015.

[108] 沈雪瑞, 李天元. 国外旅游目的地形象研究前沿探析与未来展望 [J]. 外国经济与管理, 2013, 35 (11): 48-59.

[109] 涂红伟, 熊琳英, 黄逸敏, 等. 目的地形象对游客行为意愿的影响——基于情绪评价理论 [J]. 旅游学刊, 2017, 32 (2): 32-41.

[110] 汪明远, 赵学锋. 消费者调节定向和从众行为对移动优惠券使用意愿的影响研究 [J]. 管理学报, 2015, 12 (7): 1045-1050.

[111] 王大海, 姚唐, 姚飞. 买还是不买——矛盾态度视角下的生态产品购买意向研究 [J]. 南开管理评论, 2015, 18 (2): 136-146.

[112] 王珏, 李蔚. 情境性消费者敌意对消费者购买意愿的影响——心理情感的中介作用 [J]. 经济经纬, 2016 (2): 96-101.

[113] 吴川, 张黎, 郑毓煌, 等. 调节聚焦对品牌延伸的影响: 母品牌类型、母品牌与延伸产品匹配类型的调节作用 [J]. 南开管理评论, 2012, 15 (6): 51-61.

[114] 辛璐琦, 王兴元. 旅游目的地品牌形象识别要素对游客行为意愿的影响机制研究——以品牌认同为中介 [J]. 商业经济与管理, 2016 (10): 88-97.

[115] 熊素红. 调节匹配对消费者的劝说性影响研究综述 [J]. 外国经济与管理, 2011, 33 (12): 58-64.

[116] 许晖, 许守任, 王睿智. 消费者旅游感知风险维度识别及差异分析 [J]. 旅游学刊, 2013, 28 (12): 71-80.

[117] 杨洋, 方正, 江明华. 消费者调节聚焦对赛事赞助效果的影响研究 [J]. 体育科学, 2015 (1): 24-34.

[118] 杨一翁, 孙国辉, 陶晓波. 国家目的形象和消费者赴目标国旅游意向 [J]. 经济管理, 2017, 39 (4): 143-158.

[119] 杨一翁，孙国辉，涂剑波. 高介入购买决策下的国家品牌效应研究 [J]. 管理学报，2017，14（4）：580－589.

[120] 杨一翁. 国家品牌效应及其调节变量研究 [J]. 企业经济，2016（3）：11－16.

[121] 杨一翁. 消费者视角下的国家品牌 [M]. 北京：知识产权出版社，2017.

[122] 尹非凡，王咏. 消费行为领域中的调节定向 [J]. 心理科学进展，2013，21（2）：347－357.

[123] 张宏梅，蔡利平. 国家形象与目的地形象：概念的异同和整合的可能 [J]. 旅游学刊，2011，26（9）：12－18.

[124] 张静儒，陈映臻，曾祺，等. 国家视角下的目的地形象模型——基于来华国际游客的实证研究 [J]. 旅游学刊，2015，30（3）：13－22.

[125] 张黎，郑毓煌，吴川. 消费者的调节聚焦对品牌延伸评价的影响 [J]. 营销科学学报，2011，7（1）：15－34.

[126] 中国旅游研究院. 中国出境旅游发展年度报告2017 [M]. 北京：旅游教育出版社，2017.

[127] 周厚强，李立华，何长娟. 宗教旅游者出游的精神动机和游客分类研究——以西藏神湖拉姆拉措为例 [J]. 干旱区资源与环境，2017，31（1）：198－202.

附　　录

研究一问卷

如果您计划未来出国旅游，请填写本问卷；如果没有计划，请不要填写，以免对研究结果造成干扰，谢谢！

本问卷用于科学研究，填写大约需要五分钟。

我们郑重承诺对您的信息严格保密。

一、消费者善意

（一）文化善意

1. 我喜欢日本文化。
   ①完全不同意；②非常不同意；③不同意；④中立；⑤同意；
   ⑥非常同意；⑦完全同意

2. 我对于日本历史十分热衷。
   ①完全不同意；②非常不同意；③不同意；④中立；⑤同意；
   ⑥非常同意；⑦完全同意

3. 我觉得日本文化非常有趣。
   ①完全不同意；②非常不同意；③不同意；④中立；⑤同意；
   ⑥非常同意；⑦完全同意

4. 我觉得日本历史非常有趣。
①完全不同意；②非常不同意；③不同意；④中立；⑤同意；⑥非常同意；⑦完全同意

5. 日本在传统文化的保护与传承方面做得非常好，我很喜欢。
①完全不同意；②非常不同意；③不同意；④中立；⑤同意；⑥非常同意；⑦完全同意

（二）景观善意

6. 我喜欢日本的美景。
①完全不同意；②非常不同意；③不同意；④中立；⑤同意；⑥非常同意；⑦完全同意

7. 我不喜欢日本的景观。
①完全不同意；②非常不同意；③不同意；④中立；⑤同意；⑥非常同意；⑦完全同意

8. 日本有很多壮丽的景观，我很喜欢。
①完全不同意；②非常不同意；③不同意；④中立；⑤同意；⑥非常同意；⑦完全同意

9. 日本非常干净，我很喜欢。
①完全不同意；②非常不同意；③不同意；④中立；⑤同意；⑥非常同意；⑦完全同意

（三）人民善意

10. 我喜欢日本人。
①完全不同意；②非常不同意；③不同意；④中立；⑤同意；⑥非常同意；⑦完全同意

11. 我欣赏日本人的生活方式。
①完全不同意；②非常不同意；③不同意；④中立；⑤同意；⑥非常同意；⑦完全同意

12. 日本人很友善，我很喜欢。
①完全不同意；②非常不同意；③不同意；④中立；⑤同意；

⑥非常同意；⑦完全同意

13. 日本人热情好客，我很喜欢。
    ①完全不同意；②非常不同意；③不同意；④中立；⑤同意；
    ⑥非常同意；⑦完全同意

14. 日本人乐于助人，我很喜欢。
    ①完全不同意；②非常不同意；③不同意；④中立；⑤同意；
    ⑥非常同意；⑦完全同意

15. 日本人素质很高，我很欣赏。
    ①完全不同意；②非常不同意；③不同意；④中立；⑤同意；
    ⑥非常同意；⑦完全同意

二、消费者敌意

（一）战争敌意

16. 因为"二战"，我仍然对日本感到愤怒。
    ①完全不同意；②非常不同意；③不同意；④中立；⑤同意；
    ⑥非常同意；⑦完全同意

17. 我对日本不正视历史感到愤怒。
    ①完全不同意；②非常不同意；③不同意；④中立；⑤同意；
    ⑥非常同意；⑦完全同意

18. 因为南京大屠杀，我永远不会原谅日本。
    ①完全不同意；②非常不同意；③不同意；④中立；⑤同意；
    ⑥非常同意；⑦完全同意

（二）经济敌意

19. 在中日贸易往来中，日本正在利用中国，我对此感到愤怒。
    ①完全不同意；②非常不同意；③不同意；④中立；⑤同意；
    ⑥非常同意；⑦完全同意

20. 因为日本与中国进行贸易往来的方式，我对日本感到愤怒。
    ①完全不同意；②非常不同意；③不同意；④中立；⑤同意；

⑥非常同意；⑦完全同意

21. 日本不公平地与中国进行贸易往来，我对此感到愤怒。
①完全不同意；②非常不同意；③不同意；④中立；⑤同意；
⑥非常同意；⑦完全同意

22. 日本在中国拥有过大的经济影响力，我对此感到担心。
①完全不同意；②非常不同意；③不同意；④中立；⑤同意；
⑥非常同意；⑦完全同意

23. 日本想在经济上支配中国，我对此感到担心。
①完全不同意；②非常不同意；③不同意；④中立；⑤同意；
⑥非常同意；⑦完全同意

24. 我觉得日本不是一个可靠的贸易伙伴。
①完全不同意；②非常不同意；③不同意；④中立；⑤同意；
⑥非常同意；⑦完全同意

(三) 外交敌意

25. 我觉得日本对于中国的国家安全是一个威胁。
①完全不同意；②非常不同意；③不同意；④中立；⑤同意；
⑥非常同意；⑦完全同意

26. 我觉得日本应该为中日关系的不稳定负责。
①完全不同意；②非常不同意；③不同意；④中立；⑤同意；
⑥非常同意；⑦完全同意

27. 日本的教科书把钓鱼岛标为己有，我对此感到愤怒。
①完全不同意；②非常不同意；③不同意；④中立；⑤同意；
⑥非常同意；⑦完全同意

28. 日本声称钓鱼岛属于日本，我对此感到愤怒。
①完全不同意；②非常不同意；③不同意；④中立；⑤同意；
⑥非常同意；⑦完全同意

三、文化

(一) 人际文化接近性

29. 日本人对个人和社会的看法与中国人相似。
    ①完全不同意；②非常不同意；③不同意；④中立；⑤同意；
    ⑥非常同意；⑦完全同意

30. 日本人对团体内和谐的看法与中国人相似。
    ①完全不同意；②非常不同意；③不同意；④中立；⑤同意；
    ⑥非常同意；⑦完全同意

31. 日本人对待团体成员的态度与中国人相似。
    ①完全不同意；②非常不同意；③不同意；④中立；⑤同意；
    ⑥非常同意；⑦完全同意

32. 日本人对人际关系的看法与中国人相似。
    ①完全不同意；②非常不同意；③不同意；④中立；⑤同意；
    ⑥非常同意；⑦完全同意

(二) 家庭文化接近性

33. 日本的饮食文化与中国相似。
    ①完全不同意；②非常不同意；③不同意；④中立；⑤同意；
    ⑥非常同意；⑦完全同意

34. 日本的家长里短与中国相似。
    ①完全不同意；②非常不同意；③不同意；④中立；⑤同意；
    ⑥非常同意；⑦完全同意

35. 日本人的文化传统与中国人相似。
    ①完全不同意；②非常不同意；③不同意；④中立；⑤同意；
    ⑥非常同意；⑦完全同意

36. 日本人的家庭价值观与中国人相似。
    ①完全不同意；②非常不同意；③不同意；④中立；⑤同意；
    ⑥非常同意；⑦完全同意

37. 日本人的衣着服饰与中国人相似。
   ①完全不同意；②非常不同意；③不同意；④中立；⑤同意；
   ⑥非常同意；⑦完全同意

（三）地理位置接近性

38. 便利的交通使得到日本旅游很容易。
   ①完全不同意；②非常不同意；③不同意；④中立；⑤同意；
   ⑥非常同意；⑦完全同意

39. 位置的邻近使得到日本旅游很容易。
   ①完全不同意；②非常不同意；③不同意；④中立；⑤同意；
   ⑥非常同意；⑦完全同意

40. 日本与中国相距不远。
   ①完全不同意；②非常不同意；③不同意；④中立；⑤同意；
   ⑥非常同意；⑦完全同意

（四）孝道文化接近性

41. 日本人与中国人一样尊重老人。
   ①完全不同意；②非常不同意；③不同意；④中立；⑤同意；
   ⑥非常同意；⑦完全同意

42. 日本人与中国人一样孝敬长辈。
   ①完全不同意；②非常不同意；③不同意；④中立；⑤同意；
   ⑥非常同意；⑦完全同意

43. 在孝道文化上，中日差异很大。
   ①完全不同意；②非常不同意；③不同意；④中立；⑤同意；
   ⑥非常同意；⑦完全同意

四、旅游意向

44. 我预测未来我会去日本旅游。
   ①完全不同意；②非常不同意；③不同意；④中立；⑤同意；
   ⑥非常同意；⑦完全同意

45. 未来我可能会去日本旅游。
    ①完全不同意；②非常不同意；③不同意；④中立；⑤同意；
    ⑥非常同意；⑦完全同意

46. 我计划未来去日本旅游。
    ①完全不同意；②非常不同意；③不同意；④中立；⑤同意；
    ⑥非常同意；⑦完全同意

47. 无论何时，我都不会去日本旅游。
    ①完全不同意；②非常不同意；③不同意；④中立；⑤同意；
    ⑥非常同意；⑦完全同意

五、个人信息

48. 我去过日本。
    ①是；②否

49. 性别：
    ①男；②女

50. 年龄：
    ①18 岁以下；②18～28 岁；③29～40 岁；④41～48 岁；
    ⑤49～55 岁；⑥56 岁及以上

51. 教育程度：
    ①高中及以下；②大学专科；③大学本科；④硕士；⑤博士

52. 月收入：
    ①2000 元以下；②2000～4999 元；③5000～9999 元；
    ④1 万～2 万元；⑤2 万元以上

53. 您平均每年用于旅游的支出：
    ①2000 元以下；②2000～4999 元；③5000～9999 元；
    ④1 万～2 万元；⑤2 万元以上

研究二问卷：日本模型

如果您未来计划出国旅游，请填写本问卷，否则请不要填写，以免对研究结果造成干扰，谢谢！

对于不确定的问题，您可以选择中立。

我们郑重承诺对您的信息严格保密。

一、对日本产生敌意的原因

（一）与历史、战争相关的原因

1. 因为"二战"，我仍对日本感到愤怒。
   ①完全不同意；②非常不同意；③不同意；④中立；⑤同意；
   ⑥非常同意；⑦完全同意

2. 我对日本不正视历史感到愤怒。
   ①完全不同意；②非常不同意；③不同意；④中立；⑤同意；
   ⑥非常同意；⑦完全同意

3. 因为南京大屠杀，我不会原谅日本。
   ①完全不同意；②非常不同意；③不同意；④中立；⑤同意；
   ⑥非常同意；⑦完全同意

（二）与政治、外交相关的原因

4. 我感觉日本对中国的国家安全是一个威胁。
   ①完全不同意；②非常不同意；③不同意；④中立；⑤同意；
   ⑥非常同意；⑦完全同意

5. 我觉得日本应为中日关系的不稳定负主要责任。
   ①完全不同意；②非常不同意；③不同意；④中立；⑤同意；
   ⑥非常同意；⑦完全同意

6. 日本声称钓鱼岛是日本的一部分，我对此感到愤怒。
①完全不同意；②非常不同意；③不同意；④中立；⑤同意；
⑥非常同意；⑦完全同意

二、对日本的敌意

7. 我对日本感到愤怒。
①完全不同意；②非常不同意；③不同意；④中立；⑤同意；
⑥非常同意；⑦完全同意

8. 我不喜欢日本。
①完全不同意；②非常不同意；③不同意；④中立；⑤同意；
⑥非常同意；⑦完全同意

9. 我喜欢日本。
①完全不同意；②非常不同意；③不同意；④中立；⑤同意；
⑥非常同意；⑦完全同意

三、预防型调节聚焦

10. 在长大时，我总是"越界"做一些父母不能容忍的事情。
①完全不同意；②非常不同意；③不同意；④中立；⑤同意；
⑥非常同意；⑦完全同意

11. 当我长大时，我总是让父母神经紧张。
①完全不同意；②非常不同意；③不同意；④中立；⑤同意；
⑥非常同意；⑦完全同意

12. 我总是遵守父母制定的规章制度。
①完全不同意；②非常不同意；③不同意；④中立；⑤同意；
⑥非常同意；⑦完全同意

13. 在长大时，我的行为方式总让父母有异议。
①完全不同意；②非常不同意；③不同意；④中立；⑤同意；
⑥非常同意；⑦完全同意

14. 不够小心总使我陷入麻烦。
①完全不同意；②非常不同意；③不同意；④中立；⑤同意；

⑥非常同意；⑦完全同意

四、促进型调节聚焦

15. 与大多数人相比，我总是不能得到自己想要的生活。
    ①完全不同意；②非常不同意；③不同意；④中立；⑤同意；
    ⑥非常同意；⑦完全同意

16. 我已完成的事情总是激励我更努力地工作。
    ①完全不同意；②非常不同意；③不同意；④中立；⑤同意；
    ⑥非常同意；⑦完全同意

17. 我尝试的不同事情总是能做好。
    ①完全不同意；②非常不同意；③不同意；④中立；⑤同意；
    ⑥非常同意；⑦完全同意

18. 当涉及实现对我重要的事情时，我发现不能像理想中做得那样好。
    ①完全不同意；②非常不同意；③不同意；④中立；⑤同意；
    ⑥非常同意；⑦完全同意

19. 我感觉在生命中获得成功方面我已取得进展。
    ①完全不同意；②非常不同意；③不同意；④中立；⑤同意；
    ⑥非常同意；⑦完全同意

20. 我发现在生命中很少有爱好或活动能抓住我的兴趣或激励我付出努力去做。
    ①完全不同意；②非常不同意；③不同意；④中立；⑤同意；
    ⑥非常同意；⑦完全同意

五、对日本旅游目的地产生善意的原因

特别提示：请忽略对日本这个国家的消极情感，然后填写下列测项。

（一）美丽的风景

21. 我被日本美丽的自然景点所打动。
    ①完全不同意；②非常不同意；③不同意；④中立；⑤同意；
    ⑥非常同意；⑦完全同意

22. 日本有很多壮丽的景观。
①完全不同意；②非常不同意；③不同意；④中立；⑤同意；
⑥非常同意；⑦完全同意

23. 日本非常干净。
①完全不同意；②非常不同意；③不同意；④中立；⑤同意；
⑥非常同意；⑦完全同意

（二）人民及其生活方式

24. 我欣赏日本人的生活方式。
①完全不同意；②非常不同意；③不同意；④中立；⑤同意；
⑥非常同意；⑦完全同意

25. 日本人素质高。
①完全不同意；②非常不同意；③不同意；④中立；⑤同意；
⑥非常同意；⑦完全同意

26. 日本人对外国人开放友好。
①完全不同意；②非常不同意；③不同意；④中立；⑤同意；
⑥非常同意；⑦完全同意

（三）迷人的文化

27. 我对日本的历史充满热情。
①完全不同意；②非常不同意；③不同意；④中立；⑤同意；
⑥非常同意；⑦完全同意

28. 我欣赏日本的文化。
①完全不同意；②非常不同意；③不同意；④中立；⑤同意；
⑥非常同意；⑦完全同意

29. 日本在传统文化的保护与传承方面做得很好。
①完全不同意；②非常不同意；③不同意；④中立；⑤同意；
⑥非常同意；⑦完全同意

六、对日本旅游目的地的善意

特别提示：请忽略对日本这个国家的消极情感，然后填写下列测项。

30. 我喜欢日本旅游目的地。
    ①完全不同意；②非常不同意；③不同意；④中立；⑤同意；
    ⑥非常同意；⑦完全同意

31. 我不喜欢日本旅游目的地。
    ①完全不同意；②非常不同意；③不同意；④中立；⑤同意；
    ⑥非常同意；⑦完全同意

32. 我钟爱日本旅游目的地。
    ①完全不同意；②非常不同意；③不同意；④中立；⑤同意；
    ⑥非常同意；⑦完全同意

七、对日本旅游目的地的矛盾情感态度

特别提示：请综合考虑您对日本这个国家的消极情感，以及对日本旅游目的地的积极情感，然后填写下列测项。

33. 对日本旅游目的地，我感到冲突。
    ①完全不同意；②非常不同意；③不同意；④中立；⑤同意；
    ⑥非常同意；⑦完全同意

34. 对日本旅游目的地，我有混杂的情感。
    ①完全不同意；②非常不同意；③不同意；④中立；⑤同意；
    ⑥非常同意；⑦完全同意

35. 对日本旅游目的地，我感到矛盾。
    ①完全不同意；②非常不同意；③不同意；④中立；⑤同意；
    ⑥非常同意；⑦完全同意

八、赴日旅游意向

36. 我预测未来我会去日本旅游。
    ①完全不同意；②非常不同意；③不同意；④中立；⑤同意；
    ⑥非常同意；⑦完全同意

37. 未来我可能会去日本旅游。

①完全不同意；②非常不同意；③不同意；④中立；⑤同意；
⑥非常同意；⑦完全同意

38. 我计划未来去日本旅游。

①完全不同意；②非常不同意；③不同意；④中立；⑤同意；
⑥非常同意；⑦完全同意

九、个人信息

39. 是否去过日本？

①是；②否

40. 性别：

①男；②女

41. 年龄：

①18 岁以下；②18～28 岁；③29～40 岁；
④41～55 岁；⑤55 岁以上

42. 月收入：

①2000 元以下；②2000～4999 元；③5000～9999 元；
④1 万～2 万元；⑤2 万元以上

43. 平均每年用于旅游的支出：

①2000 元以下；②2000～4999 元；③5000～9999 元；
④1 万～2 万元；⑤2 万元以上

研究二问卷：韩国模型

如果您未来计划出国旅游，请填写本问卷，否则请不要填写，以免对研究结果造成干扰，谢谢！

对于不确定的问题，您可以选择中立。

我们郑重承诺对您的信息严格保密。

一、对韩国产生敌意的原因

（一）与政治、军事、外交相关的原因

1. "萨德入韩"对中国的国家安全是一种威胁。
①完全不同意；②非常不同意；③不同意；④中立；⑤同意；
⑥非常同意；⑦完全同意

2. 韩国不在乎中国或其他国家对"萨德入韩"的想法。
①完全不同意；②非常不同意；③不同意；④中立；⑤同意；
⑥非常同意；⑦完全同意

3. 因为"萨德事件"，我不会原谅韩国。
①完全不同意；②非常不同意；③不同意；④中立；⑤同意；
⑥非常同意；⑦完全同意

4. 韩国剽窃中国文化，我对此感到反感。
①完全不同意；②非常不同意；③不同意；④中立；⑤同意；
⑥非常同意；⑦完全同意

（二）与人民相关的原因

5. 我不喜欢韩国人的优越心理。
①完全不同意；②非常不同意；③不同意；④中立；⑤同意；
⑥非常同意；⑦完全同意

6. 我觉得韩国人对外国人是不友好、不开放的。
①完全不同意；②非常不同意；③不同意；④中立；⑤同意；
⑥非常同意；⑦完全同意

7. 韩国人素质低。
①完全不同意；②非常不同意；③不同意；④中立；⑤同意；
⑥非常同意；⑦完全同意

8. 韩国人狂妄自大，令人反感。
①完全不同意；②非常不同意；③不同意；④中立；⑤同意；
⑥非常同意；⑦完全同意

二、对韩国的敌意

9. 我对韩国感到愤怒。
   ①完全不同意；②非常不同意；③不同意；④中立；⑤同意；⑥非常同意；⑦完全同意

10. 我不喜欢韩国。
    ①完全不同意；②非常不同意；③不同意；④中立；⑤同意；⑥非常同意；⑦完全同意

11. 我喜欢韩国。
    ①完全不同意；②非常不同意；③不同意；④中立；⑤同意；⑥非常同意；⑦完全同意

三、预防型调节聚焦

12. 在长大时，我总是"越界"做一些父母不能容忍的事情。
    ①完全不同意；②非常不同意；③不同意；④中立；⑤同意；⑥非常同意；⑦完全同意

13. 当我长大时，我总是让父母神经紧张。
    ①完全不同意；②非常不同意；③不同意；④中立；⑤同意；⑥非常同意；⑦完全同意

14. 我总是遵守父母制定的规章制度。
    ①完全不同意；②非常不同意；③不同意；④中立；⑤同意；⑥非常同意；⑦完全同意

15. 在长大时，我的行为方式总让父母有异议。
    ①完全不同意；②非常不同意；③不同意；④中立；⑤同意；⑥非常同意；⑦完全同意

16. 不够小心总使我陷入麻烦。
    ①完全不同意；②非常不同意；③不同意；④中立；⑤同意；⑥非常同意；⑦完全同意

四、促进型调节聚焦

17. 与大多数人相比,我总是不能得到自己想要的生活。
    ①完全不同意;②非常不同意;③不同意;④中立;⑤同意;
    ⑥非常同意;⑦完全同意

18. 我已完成的事情总是激励我更努力地工作。
    ①完全不同意;②非常不同意;③不同意;④中立;⑤同意;
    ⑥非常同意;⑦完全同意

19. 我尝试的不同事情总是能做好。
    ①完全不同意;②非常不同意;③不同意;④中立;⑤同意;
    ⑥非常同意;⑦完全同意

20. 当涉及实现对我重要的事情时,我发现不能像理想中做得那样好。
    ①完全不同意;②非常不同意;③不同意;④中立;⑤同意;
    ⑥非常同意;⑦完全同意

21. 我感觉在生命中获得成功方面我已取得进展。
    ①完全不同意;②非常不同意;③不同意;④中立;⑤同意;
    ⑥非常同意;⑦完全同意

22. 我发现在生命中很少有爱好或活动能抓住我的兴趣或激励我付出努力去做。
    ①完全不同意;②非常不同意;③不同意;④中立;⑤同意;
    ⑥非常同意;⑦完全同意

五、对韩国旅游目的地产生善意的原因

特别提示:请忽略对韩国这个国家的消极情感,然后填写下列测项。

(一)旅游服务

23. 韩国有众多购物场所。
    ①完全不同意;②非常不同意;③不同意;④中立;⑤同意;
    ⑥非常同意;⑦完全同意

24. 韩国的娱乐设施丰富。
①完全不同意；②非常不同意；③不同意；④中立；⑤同意；
⑥非常同意；⑦完全同意

25. 韩国的住宿设施完善。
①完全不同意；②非常不同意；③不同意；④中立；⑤同意；
⑥非常同意；⑦完全同意

26. 韩国的餐饮设施完善。
①完全不同意；②非常不同意；③不同意；④中立；⑤同意；
⑥非常同意；⑦完全同意

（二）地理位置接近性

27. 韩国与中国相距不远。
①完全不同意；②非常不同意；③不同意；④中立；⑤同意；
⑥非常同意；⑦完全同意

28. 便利的交通使得到韩国旅游容易。
①完全不同意；②非常不同意；③不同意；④中立；⑤同意；
⑥非常同意；⑦完全同意

29. 地理位置的邻近使得到韩国旅游容易。
①完全不同意；②非常不同意；③不同意；④中立；⑤同意；
⑥非常同意；⑦完全同意

（三）美丽的风景

30. 我被韩国美丽的自然景点所打动。
①完全不同意；②非常不同意；③不同意；④中立；⑤同意；
⑥非常同意；⑦完全同意

31. 韩国有很多壮丽的景观。
①完全不同意；②非常不同意；③不同意；④中立；⑤同意；
⑥非常同意；⑦完全同意

32. 韩国的自然风光优美。
①完全不同意；②非常不同意；③不同意；④中立；⑤同意；

⑥非常同意；⑦完全同意

六、对韩国旅游目的地的善意

特别提示：请忽略对韩国这个国家的消极情感，然后填写下列测项。

33. 我喜欢韩国旅游目的地。
①完全不同意；②非常不同意；③不同意；④中立；⑤同意；
⑥非常同意；⑦完全同意

34. 我不喜欢韩国旅游目的地。
①完全不同意；②非常不同意；③不同意；④中立；⑤同意；
⑥非常同意；⑦完全同意

35. 我钟爱韩国旅游目的地。
①完全不同意；②非常不同意；③不同意；④中立；⑤同意；
⑥非常同意；⑦完全同意

七、对韩国旅游目的地的矛盾情感态度

特别提示：请综合考虑您对韩国这个国家的消极情感，以及对韩国旅游目的地的积极情感，然后填写下列测项。

36. 对韩国旅游目的地，我感到冲突。
①完全不同意；②非常不同意；③不同意；④中立；⑤同意；
⑥非常同意；⑦完全同意

37. 对韩国旅游目的地，我有混杂的情感。
①完全不同意；②非常不同意；③不同意；④中立；⑤同意；
⑥非常同意；⑦完全同意

38. 对韩国旅游目的地，我感到矛盾。
①完全不同意；②非常不同意；③不同意；④中立；⑤同意；
⑥非常同意；⑦完全同意

八、赴韩旅游意向

39. 我预测未来我会去韩国旅游。
①完全不同意；②非常不同意；③不同意；④中立；⑤同意；

⑥非常同意；⑦完全同意

40. 未来我可能会去韩国旅游。

①完全不同意；②非常不同意；③不同意；④中立；⑤同意；

⑥非常同意；⑦完全同意

41. 我计划未来去韩国旅游。

①完全不同意；②非常不同意；③不同意；④中立；⑤同意；

⑥非常同意；⑦完全同意

九、个人信息

42. 是否去过韩国？

①是；①否

43. 性别：

①男；②女

44. 年龄：

①18 岁以下；②18～28 岁；③29～40 岁；

④41～55 岁；⑤55 岁以上

45. 月收入：

①2000 元以下；②2000～4999 元；③5000～9999 元；

④1 万～2 万元；⑤2 万元以上

46. 平均每年用于旅游的支出：

①2000 元以下；②2000～4999 元；③5000～9999 元；

④1 万～2 万元；⑤2 万元以上

研究二问卷：美国模型

如果您未来计划出国旅游，请填写本问卷，否则请不要填写，以免对研究结果造成干扰，谢谢！

对于不确定的问题，您可以选择中立。

我们郑重承诺对您的信息严格保密。

一、对美国产生敌意的原因

（一）与政治、外交相关的原因

1. 我不喜欢美国频繁干涉外国政治。
   ①完全不同意；②非常不同意；③不同意；④中立；⑤同意；
   ⑥非常同意；⑦完全同意

2. 美国利用其经济实力欺负较弱的国家。
   ①完全不同意；②非常不同意；③不同意；④中立；⑤同意；
   ⑥非常同意；⑦完全同意

3. 我对美国的霸权主义很反感。
   ①完全不同意；②非常不同意；③不同意；④中立；⑤同意；
   ⑥非常同意；⑦完全同意

（二）与军事、战争相关的敌意

4. 我不喜欢美国卷入战争。
   ①完全不同意；②非常不同意；③不同意；④中立；⑤同意；
   ⑥非常同意；⑦完全同意

5. 我不喜欢美国的军事行动。
   ①完全不同意；②非常不同意；③不同意；④中立；⑤同意；
   ⑥非常同意；⑦完全同意

二、对美国的敌意

6. 我对美国感到愤怒。
   ①完全不同意；②非常不同意；③不同意；④中立；⑤同意；
   ⑥非常同意；⑦完全同意

7. 我不喜欢美国。
   ①完全不同意；②非常不同意；③不同意；④中立；⑤同意；
   ⑥非常同意；⑦完全同意

8. 我喜欢美国。
①完全不同意；②非常不同意；③不同意；④中立；⑤同意；⑥非常同意；⑦完全同意

三、预防型调节聚焦

9. 在长大时，我总是"越界"做一些父母不能容忍的事情。
①完全不同意；②非常不同意；③不同意；④中立；⑤同意；⑥非常同意；⑦完全同意

10. 当我长大时，我总是让父母神经紧张。
①完全不同意；②非常不同意；③不同意；④中立；⑤同意；⑥非常同意；⑦完全同意

11. 我总是遵守父母制定的规章制度。
①完全不同意；②非常不同意；③不同意；④中立；⑤同意；⑥非常同意；⑦完全同意

12. 在长大时，我的行为方式总让父母有异议。
①完全不同意；②非常不同意；③不同意；④中立；⑤同意；⑥非常同意；⑦完全同意

13. 不够小心总使我陷入麻烦。
①完全不同意；②非常不同意；③不同意；④中立；⑤同意；⑥非常同意；⑦完全同意

四、促进型调节聚焦

14. 与大多数人相比，我总是不能得到自己想要的生活。
①完全不同意；②非常不同意；③不同意；④中立；⑤同意；⑥非常同意；⑦完全同意

15. 我已完成的事情总是激励我更努力地工作。
①完全不同意；②非常不同意；③不同意；④中立；⑤同意；⑥非常同意；⑦完全同意

16. 我尝试的不同事情总是能做好。
①完全不同意；②非常不同意；③不同意；④中立；⑤同意；

⑥非常同意；⑦完全同意

17. 当涉及实现对我重要的事情时，我发现不能像理想中做得那样好。
①完全不同意；②非常不同意；③不同意；④中立；⑤同意；
⑥非常同意；⑦完全同意

18. 我感觉在生命中获得成功方面我已取得进展。
①完全不同意；②非常不同意；③不同意；④中立；⑤同意；
⑥非常同意；⑦完全同意

19. 我发现在生命中很少有爱好或活动能抓住我的兴趣或激励我付出努力去做。
①完全不同意；②非常不同意；③不同意；④中立；⑤同意；
⑥非常同意；⑦完全同意

五、对美国旅游目的地产生善意的原因

特别提示：请忽略对美国这个国家的消极情感，然后填写下列测项。

（一）发达的商业经济

20. 美国是世界经济领袖。
①完全不同意；②非常不同意；③不同意；④中立；⑤同意；
⑥非常同意；⑦完全同意

21. 美国企业非常有竞争力。
①完全不同意；②非常不同意；③不同意；④中立；⑤同意；
⑥非常同意；⑦完全同意

22. 世界上大部分龙头企业都位于美国。
①完全不同意；②非常不同意；③不同意；④中立；⑤同意；
⑥非常同意；⑦完全同意

（二）生活方式

23. 我喜欢美国的生活方式。
①完全不同意；②非常不同意；③不同意；④中立；⑤同意；
⑥非常同意；⑦完全同意

24. 我喜欢美国人积极、主动的心态。
    ①完全不同意；②非常不同意；③不同意；④中立；⑤同意；⑥非常同意；⑦完全同意

25. 我喜欢美国人轻松、快乐的生活态度。
    ①完全不同意；②非常不同意；③不同意；④中立；⑤同意；⑥非常同意；⑦完全同意

（三）美丽的风景、迷人的文化

26. 我被美国美丽的自然景点所打动。
    ①完全不同意；②非常不同意；③不同意；④中立；⑤同意；⑥非常同意；⑦完全同意

27. 美国有很多壮丽的景观。
    ①完全不同意；②非常不同意；③不同意；④中立；⑤同意；⑥非常同意；⑦完全同意

28. 我欣赏美国的文化。
    ①完全不同意；②非常不同意；③不同意；④中立；⑤同意；⑥非常同意；⑦完全同意

29. 美国文化非常有趣。
    ①完全不同意；②非常不同意；③不同意；④中立；⑤同意；⑥非常同意；⑦完全同意

六、对美国旅游目的地的善意

特别提示：请忽略对美国这个国家的消极情感，然后填写下列测项。

30. 我喜欢美国旅游目的地。
    ①完全不同意；②非常不同意；③不同意；④中立；⑤同意；⑥非常同意；⑦完全同意

31. 我不喜欢美国旅游目的地。
    ①完全不同意；②非常不同意；③不同意；④中立；⑤同意；⑥非常同意；⑦完全同意

32. 我钟爱美国旅游目的地。
    ①完全不同意；②非常不同意；③不同意；④中立；⑤同意；
    ⑥非常同意；⑦完全同意

七、对美国旅游目的地的矛盾情感态度

特别提示：请综合考虑您对美国这个国家的消极情感以及对美国旅游目的地的积极情感，然后填写下列测项。

33. 对美国旅游目的地，我感到冲突。
    ①完全不同意；②非常不同意；③不同意；④中立；⑤同意；
    ⑥非常同意；⑦完全同意

34. 对美国旅游目的地，我有混杂的情感。
    ①完全不同意；②非常不同意；③不同意；④中立；⑤同意；
    ⑥非常同意；⑦完全同意

35. 对美国旅游目的地，我感到矛盾。
    ①完全不同意；②非常不同意；③不同意；④中立；⑤同意；
    ⑥非常同意；⑦完全同意

八、赴美旅游意向

36. 我预测未来我会去美国旅游。
    ①完全不同意；②非常不同意；③不同意；④中立；⑤同意；
    ⑥非常同意；⑦完全同意

37. 未来我可能会去美国旅游。
    ①完全不同意；②非常不同意；③不同意；④中立；⑤同意；
    ⑥非常同意；⑦完全同意

38. 我计划未来去美国旅游。
    ①完全不同意；②非常不同意；③不同意；④中立；⑤同意；
    ⑥非常同意；⑦完全同意

九、个人信息

39. 是否去过美国？

    ①是；②否

40. 性别：

    ①男；②女

41. 年龄：

    ①18岁以下；②18~28岁；③29~40岁；④41~55岁；⑤55岁以上

42. 月收入：

    ①2000元以下；②2000~4999元；③5000~9999元；

    ④1万~2万元；⑤2万元以上

43. 平均每年用于旅游的支出：

    ①2000元以下；②2000~4999元；③5000~9999元；④1万~2万元